市值管理

融资规划与上市管理

燕灏　燕夕子◎著

化学工业出版社

·北京·

内容简介

如今，资本市场越来越重要，市值管理也随之成为热门词，受到了各大企业，尤其是上市企业的关注。市值管理就像是生态系统中的"阳光"，对于企业来说是十分关键的能量来源。

究竟什么是市值管理？企业又该如何做好市值管理？这两个问题都可以在本书中找到答案。《市值管理：融资规划与上市管理》以市值管理为核心，介绍了包括企业估值分析、风险控制与管理、融资方案设计、企业战略升值、资本运作机制、组织体系建设、股权激励计划、市值提升技巧、整体形象优化、财务评价与预估、IPO与上市合规等内容。

本书实操性强，可作为市值管理实战指南，适合企业家、创业者、管理者、有市值管理需求的相关从业人员以及其他对市值管理感兴趣的读者阅读。

图书在版编目（CIP）数据

市值管理：融资规划与上市管理/燕灏，燕夕子著. —北京：化学工业出版社，2022.11（2024.4重印）
ISBN 978-7-122-42168-5

Ⅰ.①市… Ⅱ.①燕…②燕… Ⅲ.①上市公司-市场价值-研究-中国 Ⅳ.①F279.246

中国版本图书馆CIP数据核字（2022）第172057号

责任编辑：刘 丹
责任校对：杜杏然
装帧设计：王晓宇

出版发行：化学工业出版社
　　　　　（北京市东城区青年湖南街13号 邮政编码100011）
印　　装：北京盛通数码印刷有限公司
710mm×1000mm　1/16　印张13½　字数149千字
2024年4月北京第1版第2次印刷

购书咨询：010-64518888
售后服务：010-64518899
网　　址：http://www.cip.com.cn
凡购买本书，如有缺损质量问题，本社销售中心负责调换。

定　　价：78.00元

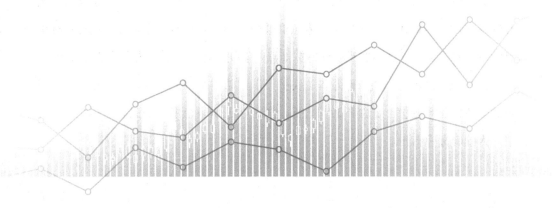

在资本市场中，经常会出现同一个领域的企业，盈利情况相似，市值却相差2倍、5倍，甚至数十倍的情况。为什么会如此？一个很重要的原因是市值低的企业没有重视市值管理，或者，即使想重视市值管理，也没有做好这项工作的能力。

市值是衡量企业综合实力的标杆，可以反映很多与企业相关的重要信息，如盈利能力、行业地位、管理水平、团队素质、社会形象、未来发展潜力等。就连知名杂志《福布斯》在为世界500强企业排名时也赋予了市值非常大的权重；《商业周刊》更是直接将市值作为选举"全球1000大企业"的唯一依据。可见，对企业市值进行管理有多么重要。

尤其在2008年后，非流通股解禁，资本市场迎来了"全流通"时代，市值管理的重要性再度提升，并开始从理论走向实践。当时很多业内人士，如股东、投资者、经理人、媒体、券商等都十分关注市值管理，各大企业也使出浑身解数，希望尽快做好市值管理。像阿里巴巴、华为、腾讯这样的大型国际化企业，都打造了自成体系的市值管理模式。

行文至此，市值管理的重要性已无需多言，但当下的实际情况是，很多企业并不知道应该如何做好这项工作。为此，本书全面、深入地讲解了市值管理知识和技巧，帮助有需求的企业更高效地解决市值管理问题。

本书立足于实践，用"理论＋案例"的方式向读者讲述市值管理知识，既有利于加深读者对内容的理解，又增添了本书的可读性和趣味性。本书介绍了读者最关心的内容，包括如何估值、如何披露企业战略、如何优化整体形象等。通过这种极具针对性的学习，读者很容易就能掌握知识，以便企业不断提升内在价值和市值。

作为一本普及性、创新性兼具的实战手册，希望本书能给读者一些启发，让读者领悟市值管理的核心。由于时间仓促，加之学识所限，书中难免有疏漏之处，恳请广大读者批评指正。

著者

目录
CONTENTS

第 1 章

市值管理：
管理好市值才能
有高效益

在股权分置改革的影响下，市值管理（market value management）已经成为一个热门话题，我国政府也鼓励企业建立完善的市值管理制度。但仍然有很多人不知道市值管理究竟是什么，也不理解市值管理为什么如此重要。本章就为大家解答这两个问题。

1.1

一切从了解
市值管理
开始

无论是发达国家还是发展中国家，资本市场的成长历程都向我们揭示了一个道理：企业必须为股东创造财富。如果企业想长久地发展下去，那么投资、融资、再融资等行为都要以"为股东创造财富"为核心原则。企业应该如何为股东创造财富呢？市值管理是当之无愧的"王牌秘籍"。因此，所有企业都应深入了解市值管理，并充分利用市值管理的价值。

1.1.1　思考：市值管理究竟是什么

市值管理是企业综合利用多种科学、合规、合法的经营方式，以达到自身价值最大化的一种行为。在市值管理中，"市值"通常是指市场公允价值，这种市场公允价值会受到内在和外在因素的影响。具体地说，内在因素包括盈利情况、现金流水平、净资产收益率、议价能力、投资能力等，而外在因素则包括市场估值水平、市场发展现状及趋势等。

目前人们对市值管理的认知没有一个统一的标准。例如，有些人认为市值管理就是价值管理，可以通过增强企业的盈利能力实现，而有些人则认为市值管理是股本乘以股价，可以通过做大股本或提升股价实现。但其实这两种观点都略有偏颇。

另外，关于市值管理，有些人认为是从国外引进的概念，实际上，此概念是在市场发展过程中由国内企业逐渐摸索并提出的。在股权分置改革前，企业，尤其是上市企业更关心如何实现盈利最大化，当时还没有市值管理这样的说法。随着股权分置改革正式完成，越来越多股票涌入证券市场进行交易，市值逐渐成为衡量企业价值的一个重要标准。与此同时，市值管理的可能性与必要性也开始凸显，并受到企业的关注和重视。

2014年5月8日，国务院发布了《关于进一步促进资本市场健康发展的若干意见》，其中明确提出，鼓励企业建立市值管理制度。该文件相当于正式肯定了市值管理的地位。而且证监会也表示，支持企业通过优化发展战略、完善管理体系、改进经营方式、培育核心竞争力等方式持续地创造价值，实现市值与自身内在价值的动态平衡。

对于企业来说，市值管理的核心是提升自身质量，尽力维护股东的合法权益，将股东和创始团队、管理层绑定，使其成为利益共同体。企业应该制定长期发展战略，借助各种资本工具推动自身稳定发展，进一步提升内在价值，并确保这个内在价值可以等同甚至超过市值。为此，企业可以采取多种措施。

例如，在股市高涨阶段，企业可以通过适当减持股票等措施让股市降温；在股市低迷阶段，企业则可以低价增持或回购股票，也可以实施员工激励，以便提升整个团队的积极性，在内部打造一个良性共赢的局面。

但如果企业采取了不正当的措施，如操纵股价等，就会面临很大的风险。现在的确有些企业会打着"市值管理"的旗号实施操纵股价行为。这些企业往往会借助收购、业务突破、合作意向等虚假利好消息刺激股价，等股价提升到一定的水平后再高位退出。通过这种方式提升的股价往往是"昙花一现"，不多久就会下降，由此造成的损失通常由处于劣势的中小投资者承担。而一旦中小投资者"被伤透了心"，股价就很难再提升，企业的市值也无法再重回"巅峰"，甚至可能会被证监会❶处罚。

某企业家曾经先后与多家企业的董事长或实际控制人联手操纵股票交易，控制了上百个证券账户，非法盈利高达100亿元。该行为最终被证监会发现，企业家及其同伙受到了相应的处罚。因此，企业严禁随意操纵股价，一定要用正确的方式提升市值和内在价值。

需要注意的是，企业进行市值管理，必须保持其整体性。所谓整体性，主要是指企业应该为大多数股东服务，而不能只关心少数群体的利益。如果企业在创造和提升内在价值的同时，可以将内在价值准确、及时地向大多数股东传递，让他们切实感受到发展成果，那他们会更尽心尽力地做贡献。这才是股市需要的真正有作用的市值管理。

真正的市值管理，既不是在股价已经被严重低估时，企业仍然"不管、不理、不问、不负责、不作为"，更不是借"市值管理"之名做一些违反法律法规的事，而是应该深入挖掘促进内在价值增长的因素，设法实现市值的可持续提升。因此，企业不可以将市值管理看作短期的股价管理，它应该是一种长期的、可以实现内在价值最大化的行为。

---

❶ 证监会，指中国证券监督管理委员会，后文简称为证监会。

1.1.2 市值管理背后的溢价机制

有时即使企业面对的是完善、有前景、发展良好的市场，信息不对称问题也依然会存在，在该问题的影响下，市值可能会超过企业的内在价值。这就是我们经常说的溢价现象。溢价是市值管理的重要目标之一，不仅可以增加股东的财富，还有利于优化企业的社会形象，帮助企业降低融资难度和融资成本，从而进一步促进企业的长远发展。

那么，企业应该如何实现市值的溢价呢？具体可以从以下几个方面入手。

1.打造突出且优异的核心业务

核心业务讲究定位精准且突出，最好专注于某一个细分领域，这样企业才可以有足够强大的市场竞争力。当然，如果核心业务发展稳定、市场空间大，企业还掌握了一定的产品定价权，那企业就可以获得更高的市值，也可以享受更丰厚的溢价。

2.建立完善的管理体系

伟大的企业往往都伴随着伟大的管理体系。企业管理得当，就可以享受溢价，因为管理是企业持续发展的根本，可以增强企业吸引人才的能力，同时影响投资者对企业的喜爱程度，以及各类资源在企业内部的积聚程度。这些都有利于提升企业的市值。

在投资时，管理情况越来越被投资者看作是衡量投资回报的一个重点，投资者也会据此做出投资决策。全球知名咨询机构IDC提供的数据显示，在财务情况类似的情况下，投资者更愿意为管理能力强的企业多支付20%～27%的溢价。

但遗憾的是，有些企业不能正确对待管理问题，也不能很好地处理大股东与小股东之间的利益关系，导致出现管理混乱、股东纠纷频发、团队氛围不和谐等不良现象，严重影响了自己在投资者心中的地位和形象，更不要奢求投资者会给出高溢价了。

可见，企业如果不及时消除管理弊病，市值降低很可能会成为常态。

3.整合高价值资源

很多资源都与市值息息相关，如社交资源、物质资源、财务资源、金融资源、技术资源等，投资者在衡量企业的市值时也会对这些资源进行分析。如果企业有相对稀缺且价值很高的资源，那就可以享受资源带来的高溢价。

4.尽快完成上市事宜

企业一旦完成上市事宜，就可以引入优质资产，提升资产质量，同时加快资产增长速度。另外，上市也可以帮助企业减少关联交易，增强企业的管理能力和业务透明度。在价值创造效应的影响下，投资者通常会给已经顺利上市的企业一个比较高的定价，企业的市值也会因此而得到提升。

5.合理利用股市和股价

企业要想享受溢价，就应该充分挖掘并利用股市的运行特点，掌握股价的周期性变动规律，在恰当的时机采取可以提升市值的策略，努力将企业做大、做强。

6.加强关系管理

溢价与四大关系密不可分，即投资者关系、媒体关系、研究者关系、监管者关系，维护好这四大关系有利于增强企业的透明度，实现企业与股市甚至社会各界的有效交流和沟通。但需要注意，这四大关系只能作为提升市值的辅助手段，而不能成为长期工作重点。

7.优化配置，进入特定指数

有些比较受欢迎的企业通常占据着重要战略地位，甚至可能是行业领袖。这些企业有机会被纳入特定指数，成为投资者不得不配置的投资标的，从而形成资产配置溢价。

8.加强文化建设

文化会影响企业的外部形象、社会责任感、内部氛围等，对企业有非常重要的作用。所有想享受溢价的企业都应该引入先进的文化理念，并根据自身实际情况打造独特的优秀文化。

溢价是企业综合能力的展现，也代表着投资者对企业经营和管理情况的认可。对于企业来说，用正确的方式提升市值，享受溢价无可厚非，但如果走上"歪道"，那就得不偿失了。企业不能为了享受溢价而欺骗和伤害投资者，还是要踏踏实实地一步步提升自己的市值。

1.1.3　中信证券：丰富的市值管理经验

中信证券是第一批综合类证券机构，在证券领域有非常强的影响力，董事长王东明凭着丰富的市值管理经验，结合反周期理论实施大规模扩张，将中信证券打造成为行业佼佼者。那么，中信证券是如何进行市值管理的呢？下面来看一下具体流程。

2001年，股市的整体形势不是很好，很多企业的股价下滑，证券领域更是面临经营瓶颈期。正是在这时，中信证券开始采取反周期收购策略，即在股市低迷阶段收购其他企业。

2003年，中信证券花费1亿元收购了万通证券，获得30.78%的股权。后来中信证券又多次增持万通证券的股权，持股比例高达73.64%。

2004年，中信证券计划以要约收购的方式收购广发证券，但中途双方出现股权纠纷，此次收购以中信证券收购失败告终。但即使如此，中信证券也没有停止自己的收购行动。

2005年8月，中信证券与建银投资达成合作，携手重组华夏证券，并成立了中信建投证券公司。中信证券在此次交易中出资16.2亿元，获得了中信建投证券公司60%的股权。

2005年9月，中信证券又提出了收购金通证券的计划。此次收购用了一年的时间，中信证券建立了自己的全资子公司中信金通证券机构。

借助上述一系列收购事件，中信证券不仅占据了证券领域的龙头地位，营业额和总资产也都有了大幅度提升，市值更是一路猛涨。

2006年，股权分置改革正式完成，股市的整体形势变得越来越好，股价也有所回升。在这种情况下，中信证券的市值管理策略也随之调整：由之前的连续收购变为连续融资。

同样是2006年，中信证券定向增发了5亿股股票，中国人寿保险（集团）公司与中国人寿保险股份有限公司分别认购了其中的1.5亿股股票和3.5亿股股票。当时的股价为9.29元/股，中信证券借助此次交易成功募集46.45亿元。与此同时，中信证券的股本增至29.815亿股，净资产超过100亿元，成为当时我国净资产规模最大的证券机构。

2007年，中信证券增发3.34亿股股票，价格为74.91元/股，成功募集大约250亿元。

通过这两次公开融资，中信证券用较少的股权获得了更多资金。此后，中信证券的规模不断扩大，综合实力进一步增强，而且练就了非常强的内在价值创造与实现能力。现在中信证券的内在价值还在稳步提升，市值更是比融资前提升了近百倍。

1.2

为什么市值管理如此重要

知名学者施光耀曾经提出"管好股本、管好股东、管好股价"的市值管理理论，受到了诸多企业的认可和支持，并激发了这些企业进行市值管理的热情和积极性。市值管理对于企业来说是非常重要的，不仅可以持续提升企业的内在价值，还可以帮助企业增强盈利能力。

1.2.1 持续提升企业的内在价值

管理学领域专家认为：企业价值是企业遵循的价值规律，为了让所有企业利益相关者，包括股东、债权人、管理者、普通员工等，都能获得满意回报，企业的价值越高，企业给予利益相关者回报的能力也就越高。简单来说，就是这个企业到底值多少钱，这个企业在生存期间能创造多少财富，因此，这个价值是可以通过经济定义加以计量，比如企业的会计价值、现金流折现法的价值等方法。

而企业的市值反映的是市场在某个时期对这个企业的看法。一般情况下，企业的市值相对于价值更难把握。因此，很少有人会根据企业的价值来估算企业的市值。

其中，市值受价值的影响，围绕价值上下波动，当然这种波动是随机的。而市值也能影响价值。企业的市值高，就比较容易在市场中获得大笔融资，从而进一步推动企业价值的提升。

一般情况下，企业价值可通过账面价值、内在价值和市场价值来整体反映市值。企业价值的这三方面都有其合理性与适用性。

账面价值是指企业的净资产，过去的账面资产价值和现在的账面盈余是企业账面价值的基本变量的决定因素。对于股份企业而言，账面价值是每股净资产。

账面价值最大化同样是企业的追求，账面价值代表的是过去，账面价值越大，代表着过去越成功，但是并不代表未来还能成功，因此，很多账面价值好的企业在资本市场中估值比较低。应该怎么办？在关注账面价值的前提下，还必须重视企业的内在价值。

内在价值无法进行精准估算，是指企业在剩余的存续时间内产生现金流量的折现值。

对于大多数企业来说，尤其是互联网、TMT❶、高新技术、现代服务等有形资产占比小、轻资产的企业，更加看重未来的成长性，未来的价值更重要。因此，除账面价值外，估算过程中还要将商业模式的完善程度、盈利模式的具体应用放入内在价值的考虑范围内，用清算价值法、持续经营法或市盈率估值法等对企业的价值进行估算。

市场价值反映的是企业的市场溢价，无论是一级市场还是二级市场，企业都希望市场价值能够充分反映内在价值，甚至高于内在价值，这需要从市场管理的角度，通过商业模式创新、企业治理优化、投资者关系管理等各个方面全面提升企业股票的溢价能力，这就涉及企业的市值管理的内容。

著名的投资大师巴菲特一直坚持价值投资理论。他在1988年花了5倍于账面价值的资金首次购入可口可乐企业股票，占可口可乐总股本的7%。他认为可口可乐企业股票的定价比其实际的内在价值低了50% ～ 70%。

可口可乐企业的内在价值由未来预期获得的净现金流决定。1988年可口可乐股东盈余为8.28亿美元，国债的利率为9%。按照贴现比例计算出，可口可乐企业内在价值为92亿美元。因此巴菲特购买可口可乐的股票总市值为148亿美元。

虽然看上去是巴菲特的出价过高，但内在价值的估值由贴现比例计算得出。如果有投资者愿意多付60%的价格购买股票，一定是看中了可口可乐企业未来的发展前景。

巴菲特在别人对于价值投资理论的质疑下坚持通过计算诸如

---

❶ TMT，即 Technology（科技）、Media（媒体）和 Telecom（通信）三个英文单词的首字母缩写。

像可口可乐这样的企业的内在价值，并购买相应的股票。在之后的发展中，可口可乐在像巴菲特这样的投资者的大力支持下，向市场展现自己的价值，巴菲特也获得了丰厚的回报，他们互相成就了彼此。

通过巴菲特的这个案例可以看到，以前企业只需要面对产品市场，把产品质量做得最好、成本做得最低、利润做到最大，就能将企业的价值最大化，解决账面价值的问题。但随着资本市场的发展，企业创始人还应当学会把企业当成产品进行交易，追求企业内在价值最大化，并追求尽可能高的市场溢价。

1.2.2　实现盈利能力大爆发

从上述内容来看，可以得到一个简单的结论，一个市值大的企业通常都是一个内在价值大的企业，是一家好的企业。而市值管理是将企业经营、资本运作、利益相关方三方面相融合的战略管理模式，企业价值最大化就是市值最大化，这也是企业经营的最高目标。所以管企业就是管市值。

企业经营之所以会如此重视市值管理，不仅仅是因为市值是上市企业价值的货币表现，还通过以下方面影响企业的资本成本、营销能力、并购成本，使得上市企业市值与盈利能力得到螺旋式上升。

1.高市值可以降低企业资本成本

投资者愿意以较高的价格购买较少的股份，企业可以以较低的股本获得更多的资金，有效降低企业的资本成本。

2.高市值可以提高企业的营销能力

高市值表明企业得到投资者认同,可以推广企业品牌,可以提高企业的营销能力,获得竞争优势。

3.高市值可以降低企业的并购成本

高市值表明了高股价,企业可以用较少的股份代价完成并购,并购后获得更好的综合收益。

高市值可以推动企业快速发展,同时企业也应注意,在进行市值管理时,要遵循一定的步骤,先在企业规划上明确市值管理的方案,再把计划落实到行动中。

首先,企业要制定合理的战略规划,结合市值管理改变企业的经营目标。经营目标的转型将导致经营思维和内容、企业治理、业绩考核、激励机制等方面的变化。改善企业的经营管理可以推动市值管理。

其次,企业要做的就是通过行动一步步地实现战略计划中的目标。这里要注意,在市值管理的过程中,由于市场的变化等因素,战略计划有时会有调整,因此市值管理也是在不断调整中发展的。

谷歌市值曾是全球第一,就得益于其对企业市值的管理,得益于投资者对其未来价值的判断。

投资者首先看好谷歌的技术发展和革新。谷歌通过创新和加强企业内部管理,促进企业专业化和规模化,注重发展企业核心竞争力。而这是谷歌的股价上涨的原因。

随着谷歌不断提升企业的业绩,也提升了投资者对于企业的预期,实现了资本市场对企业市值的看好。eMarketer的报告显示,

2017年，谷歌占据全球移动广告市场营收的32.4%，这正是企业业绩与市值之间相互作用的表现。

在新的市场环境下，机遇与挑战并存，中国企业应像谷歌一样，通过对企业价值的管理，立足于企业的整体价值和长远发展，加强企业内部管理，提升核心竞争力，从而实施高效的市值管理，促进企业战略目标的实现。

第2章

企业估值分析：弄清楚企业到底值多少钱

在进行市值管理时，创业者要弄清楚自己的企业到底值多少钱，即为自己的企业估值。估值最早被提到是在约翰·伯尔·威廉姆斯（John Burr Williams）于1938年出版的《价值投资理论》一书中，如今已经发展成为市值管理过程中的一个关键环节。

本章为大家介绍估值的重要性，以及应该如何估值。

2.1

为企业估值的重要性

投资者在购买某企业的股票前，通常会对该企业进行估值，以此来确定股票是否值得购买。很多时候，估值是一项困难且带有主观性的工作，因为其中的不确定因素太多。但即使如此，我们也不能忽视估值在市值管理中的重要性。

2.1.1　市值管理离不开估值

对企业估值有利于正确评价企业或业务的内在价值，是对各种交易进行定价的基础。它还可以将对行业和企业的认识转化为具体的投资建议；预测企业的策略及实施对企业价值的影响；能够帮助深入了解影响企业价值的各种变量与相互关系；判断企业的资本性交易对其价值的影响。

一般情况下，企业的价值越高，投资的回报率越高，企业越会被看好，估值也就越高。

但企业价值是个很抽象的概念，怎样才能看得到、摸得着？那就是把企业放到资本市场中去交易，由投资者通过交易来评定，也就是通过各方面的估值来衡量企业的价值，来对企业的市值进行管理。这有点类似于商品的价值与价格的关系，但如果商品不交易，没有价格，就无法体现价值。

在企业生命周期的不同阶段，其盈利能力、成长性和成长空间都有较大的差异，这必然会反映在企业的估值水平和股价上。

随着企业市值规模的提升，股价上涨较为困难，业绩增幅≠股价增幅，当企业逐渐成长为市值比较高的股票时，估值会逐渐成为影响股价上涨的负面变量。假设要使一家200亿元的企业的市值提升1倍，正常情况下，这家企业的业绩增幅需要远超1倍。

企业上市过程中，企业市值未达到200亿元时，很大程度上能获得超过30倍的PE（市盈率）估值，当企业市值的范围在200亿～400亿元以后，估值水平会显著下降。

企业市值处于25亿～200亿元时，企业发展迅速，此时资本市场的关注点是企业业绩能否兑现，从中长期看，企业要想有效突破200亿元市值，就必须向资本市场交出优质的业绩答卷。当企业市值超过200亿元后，投资者会考虑企业发展的天花板问题，如果企业在这一阶段没有对成长模式进行有效创新，那么，企业的估值水平将明显降低，市值增长难度增加。

$$市值＝净利润 \times PE$$

其中净利润是企业经营的结果；PE是资本市场给出的估值水平，它的影响因素和形成机制来自资本市场。

从这个等式看，企业有两条提高市值的基本途径：一是基于企业提高经营利润；二是立足于资本，提高估值水平（市盈率）。由此自然导出企业的市值管理既要管理经营利润，又要管理估值水平，并重视二者之间的因果和互动关系，以实现企业价值最大化。

估值是市值管理的核心抓手。作为上市企业综合实力的结晶，市值反映的因素十分复杂。因此，以优化影响市值的因素为重任的市值管理，其内容也十分丰富和复杂。抓住估值水平这条红线，顺线而上，先进行企业治理、信息披露、市场预期、企业透明度和品牌美誉度等一系列操作，再往上进行投资者关系、分析师关系、媒介关系等，确保提升企业估值水平的管理核心任务顺利完成。

2.1.2 估值反映企业的内在价值

金融市场最基本的功能之一是价格发现，而落实到股票市场就是给上市企业发行的股票定价，也就是给股票估值。

Facebook（脸书）正式在纳斯达克上市，开盘价42.05美元，是史上最大规模的科技IPO[1]之一，市值超过1000亿美元。Facebook是如何从一个创业企业走到如今的1000亿美元估值社交帝国的？来看看其估值之路。

2004年2月，马克·扎克伯格和其他三位联合创始人在几千美元的资助下建立了Facebook网站。仅过了4个月，Paypal联合创始人Peter Thiel向Facebook投资50万美元，Friendster就提出以1000万估值收购Facebook，但是Facebook拒绝了收购。

2005年4月，Accel Partner向Facebook投资1270万美元，Facebook估值达到1亿美元。

2006年4月，Facebook获得2500万美元的投资，估值为5.25亿美元；9月，Facebook再次拒绝了Yahoo估值10亿美元的收购意向。

2007年10月，微软向Facebook投资了2.4亿美元，Facebook的估值上升至150亿美元。

2008年8月，Facebook估值40亿美元。2009年9月，俄罗斯

---

[1] IPO，Initial Public Offering 的首字母缩写，意为首次公开募股，是指一家企业或公司（股份有限公司）第一次将它的股份向公众出售。

DST向Facebook投资2亿美元，Facebook估值升到5月最高100亿美元。

2010年，投资者对Facebook的估值最低为120亿美元，最高达594亿美元，2011年9月，Facebook的估值升到875亿美元。

2012年3月，Facebook估值为1028亿美元，5月IPO时每股定价38美元，估值为1040亿美元。

Facebook变化如此之快的估值之路代表了市场以及投资者对Facebook未来发展的看好与高预期，同时Facebook也凭借这样的高估值，一路保持较快的发展，成为美国社交的巨头，下图可以看到Facebook的月活跃用户增长变化。

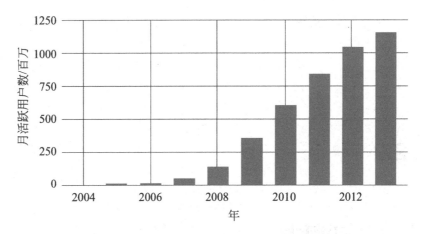

Facebook月活跃用户数呈指数式增长

而Facebook早期投资者——硅谷的Peter Thiel就错失了机会，因为他大大低估了Facebook指数式增长的可能性。

企业估值决定了企业在换取投资时需要交给投资者的股权，反映的是每个投资者对企业成长预期，因此在项目早期阶段的估值更看重增长潜力而不是现值，这也是为什么很多早期创业项目能够获得一定融资，拥有估值的原因。

但由于估值的立足点不同，投资者对于企业的业务来源和业务领域的定位也有所不同，估值范围的业务构成、企业盈利增长率和假设期限都不同，最终的估值也有所差异。因此实现企业估值精确有效的方法就是对企业做全面的了解。

估值的结果代表了企业长期增长的稳定性。如果一个企业连续保持100年的增长，理论上估值水平也相对较高，符合长期投资者的买入特征。相反，有些行业周期性很强，每隔一段时间行业的龙头位置就会被其他企业代替，这种企业的发展不稳定，因此估值相对较低。

对于企业而言，不断提升自己的内在价值是实现高估值的重要基石，一定要对自己有精准定位，做好内部管理，以获得更多资金流入。

2.2

如何为
企业估值

鉴于估值的重要性，目前市场上已经衍生出了很多非常实用的估值方法，如市盈率法（PE法）、股利贴现法等。不同的企业往往适合不同的估值方法，大家要谨慎选择。

2.2.1 相对估值法：做纵向与横向对比

相对估值是指估值得到的不是直接参考值，而是与历史和其他类似企业进行纵向和横向的比较，看出所处的估值水平高低。相对估值方法简单易懂，是常用的企业估值方法，有很多种具体方法，比较常用的方法如下。

1.市盈率法

市盈率指在通常为12个月或者一个会计年度的考察期内，企业估值和净利润的比率。计算公式为：

市盈率＝企业估值/年度净利润

企业估值＝市盈率（PE）×年度净利润

市盈率分为静态市盈率（历史市盈率Trailing P/E）与动态市盈率（预测市盈率Forward P/E）两种。其中静态市盈率对应于企业上一个财务年度的利润，或前12个月的利润；动态市盈率对应的是企业当前财务年度的利润，或未来12个月的利润。

市盈率值的确定要从两个方面出发：一是将企业市盈率与行业平均市盈率或行业未来两年的平均市盈率相比；二是该企业的预期市盈率值以及历史市盈率值。

通过市盈率法（PE法）进行盈利预测既要参考历史财务数据及增长率预测企业未来业绩，又要根据未来合同订单、生产和销售计划等经营数据来预测企业未来业绩。

市盈率法（PE法）的优点是数据容易获得，有广泛的数据参照比较，适用于轻资产的企业。

2.市净率法（PB法）

市净率是指市值与每股净资产的比率。相较于PE法，市净率更适合拥有大量固定资产及账面价值的企业。计算公式为：

$$企业价值=市净率（PB）\times 净资产$$

市净率法（PB法）的优点是概念易懂、变化稳定、鉴别性强，当企业出现亏损时仍能使用。换言之，也表达了在企业出现风险的时候，清算后投资者依然能够得到的资产。

3. PEG估值法

这一方法从PE法的基础上演变而来，是市盈率和收益增长率之比。

$$PEG=（每股市价/每股盈利）/每股年度增长预测值$$

PEG估值要考虑企业的成长性。"G"是英文growth的首字母，表示企业未来几年的复合增长率，更注重于对企业未来的预期。

相对于PE，PEG法考察的更多的是企业未来的成长性，一般适用高成长的企业。早期企业难以估值，而互联网这种高成长企业，业务发展到一定程度后，会出现爆炸式的增长。

关于PEG值，国际上有一般标准。PEG值在1以下，说明企业安全性高，并具备吸引力；PEG值处于1～1.5之间，是可以接受的范围；当PEG值高于1.5时，属于偏高。

假设有一家上市企业的PE为50倍，企业发展稳定时期，这一估值显得偏高。但如果企业处于成长期，未来几年的复合增长率为50%，其PEG值为1，估值就不算高。

4.市销率法

计算公式为：

$$企业价值 = 市销率（P/S）\times 预测销售额$$

$$市销率 = 市值/销售额（P/S）$$

使用这一估值方法的前提是必须明确所涉及的销售额的主营构成有无重大进出。需要找出企业在很长一段时间内的历史最低、最高和平均三个市销率区间。考察周期至少为 5 年或一个完整经济周期。

这一方法适用于经营平稳、高速增长企业或经营困难、没有利润的企业，不适用于业绩波动大或没有可比性的企业。

采用相对估值指标对企业价值进行分析时，还要对宏观经济、行业发展以及企业概况进行综合分析。在估值模型建立时，应注意选择恰当的企业进行估值，确保企业估值的合理性。

普通投资者对上市企业使用相对估值法，市场领先者估值较高；大部分市场投资者只关注前三名企业的估值。因此，企业既要有稳定的成长计划，也要让企业超越目前的状态，促进估值增长。

2.2.2　绝对估值法：善用资本化定价方式

绝对估值法通过资本化定价方式，预估企业未来的股利或自由现金流，通过折现方式得到股票的内在价值。由于现金流是预期值，因此应按照贴现率计算出现值，即资产的内在价值与预期现金流的贴现值相等。

主要包括股利贴现法（DDM）和折现现金流模型（DCF）。其中，折现现金流模型（DCF）又分为股权自由现金流模型（FCFE）和企业自由现金流模型（FCFF）。

简单来说，在实际的运用中，企业需要算出一段时间的自由现金流，然后为之后的部分估算出一个永续价值，再将二者相加，核算出企业价值。

前文中提到巴菲特在买入可口可乐时，对可口可乐企业的内在价值进行了估算，他在此时使用的就是DCF估值模型。在这里对具体估算方法进行简单的复盘。

贴现率：当一家企业在不增加资本的情况下就能增加净现金流时，贴现率取无风险收益率与净现金流的预期增长率之差。1981～1988年，可口可乐企业的净现金率的增长速度为17.8%（以1988年美国国债30年期收益率9%为标准）。

这里使用的公式为现金流量现值=持有期末现金现值/$(k-g)$，（k为贴现率，g为增长率）当$k<g$时，使用该公式，即第10年以后使用该公式进行计算。

$k>g$即增长率为15%的前10年，如下表所示。

增长率为15%的前10年相关数据

预期年份	1	2	3	4	5	6	7	8	9	10
估计稳定现金流	9.52	10.95	12.59	14.48	16.65	19.15	22.02	25.33	29.13	33.5
复利现值系数	0.917	0.842	0.772	0.708	0.650	0.596	0.547	0.502	0.46	0.422
年现金流量现值	8.74	9.22	9.72	10.26	10.82	11.42	12.05	12.71	13.41	14.15
现金流量总量	112.5亿美元									

具体的估值计算过程如下。

（1）按照1988年现金流量8.28亿美元，年均增长率15%的条件计算各年的现金流量，再将各年的现金流量按照9%的贴现率分别贴现到1988年，最后将每年的贴现值相加求和。即：现金流量总量＝年现金流量现值×（1+年均增长率）/（1+贴现率）＝8.28×（1+15%）/（1+9%）＝112.5（亿美元）。

（2）使用固定股利增长模型将第10年后的现金流量贴现到第10年底，由于第10年之后的现金流量年均增长率降为5%，则贴现率调整为9%-5%，即：第10年的现金流为35.17亿美元。那么第10年后的现金流量贴现到第10年底的现值＝第10年的现金流量现值/贴现率＝35.17/（9%-5%）＝879.30（亿美元）。

（3）通过复利现值公式，将"第10年之后的现金流量贴现到第10年底的现值"贴现到1988年，即：第10年后的现金流量贴现到第10年底的现值/复利现值系数＝879.30÷0.422＝371.43（亿美元）。

（4）将第一步与第三步得到的结果相加，得到1988年可口可乐股票的内在价值，即112.5＋371.43＝483.83（亿美元）。

（5）假设可口可乐企业的现金流量以5%的复合速度增长，贴现率为9%-5%。那么未来现金流量贴现到1988年的现值＝1988年现金流量现值/贴现率＝8.28/（9%-5%）＝207（亿美元）。

估值结果：1988年可口可乐的内在价值区间为207亿～483.83亿美元。最低值比1998年巴菲特再买入可口可乐企业股票的市值148亿美元相比还要高。巴菲特从可口可乐企业未来十年的增长潜力出发，对可口可乐企业进行估值，最终选择买入。

与相对估值法相比，绝对估值法的优势在于能够较为精确地揭示企业股票的内在价值，但是参数的选择较为困难，对自由现金流的预测、未来股利和现金流的预测偏差以及贴现率的选择偏差等，都会对估值的准确性造成影响。因此无论是相对估值，还是绝对估值，都应着眼于企业本身，对企业的内在价值进行评估。

第 **3** 章

风险控制与管理：
莫让风险影响
市值

　　市场在不断发展，企业面临的风险也逐渐增多。为了保护市值，不让股价大幅度下跌，企业要对可能出现的风险进行识别，并制定合适的解决方案。在所有风险中，系统性风险和外部风险是企业最应该重视的，本章就由此着手，讲述应该如何对这两种风险进行控制与管理。

3.1

系统性
风险来源
与应对措施

系统性风险属于宏观风险，一旦发生，会让企业遭受非常严重的损失，甚至还会让企业直接倒闭。要想避免这种情况，我们首先要弄清楚此类风险的来源，然后根据来源有针对性地采取应用措施。这样就可以最大限度地降低此类风险对市值的影响。

3.1.1　思考：企业的风险从何而来

一般而言，系统性风险主要是由单独金融事件如金融机构倒闭、价格波动等引发的整个金融体系的危机，导致经济和社会生活遭受重大损失的风险。如果一个金融事件引起了金融体系系统性危机，其过程可能包括以下几步。

① 可能开始于金融市场价格的下跌或某一金融机构一次交易的失败。

② 金融市场价格的下跌迅速波及其他市场、其他国家。

③ 金融市场价格的下跌导致一家或多家金融机构倒闭。

④ 金融机构倒闭引发银行和支付体系的危机。

⑤ 如果危机蔓延，最终会对实体经济造成严重的影响。

这几个过程可能逐步发生，也可能交叉出现。理解系统性金融风险还需要把握以下几个方面。

首先，系统性风险不是指单一金融机构的破产或某一金融市场价格波动等风险，而是影响整个金融系统稳定的风险。单一或局部风险不属于系统性金融风险。

其次，随着金融机构和市场之间的联系增强，任何一个细小的金融风险都可能对其他机构或市场产生影响，进而引发系统性风险。

最后，系统性风险受外部影响较大，风险会从一个机构、市场向另一个市场传播，导致系统性的市场震荡，从而影响到绝大部分的金融机构、市场甚至实体经济，单个金融机构倒闭的影响最终会由金融系统的所有参与者共同承担。

通常系统性风险是因为受到经济等方面因素的影响才会出现的，如世界经济或某国经济发生严重危机、持续高涨的通货膨胀等。其中最为典型的案例就是美国次贷危机带来的金融危机。

美国金融危机爆后发，由于国际传导效应很快形成一场席卷全球的金融危机，很快又转变成全球范围内的实体经济危机。

金融危机对美国经济造成巨大破坏，多家金融机构破产或被政府接管。在金融危机的持续发展下，各种金融机构纷纷被收购甚至破产。银行破产倒闭数量明显增加。据统计，美国2008年有25家银行倒闭，超过之前5年的总和。2009年银行倒闭数量更是急剧上升，到2009年2月20日，美国2009年前两个月内倒闭的银行数量上升到14家。

金融危机对各大投资银行同样造成了沉重性打击。比如，2008年3月，美国排名第五的贝尔斯登银行被摩根大通收购，9月，美国排名第三的美林证券被美国银行收购，历史悠久的美国排名第四的雷曼兄弟企业也陷入财政危机，同样于9月宣布破产，华尔街前五名的投资银行倒了三家。

金融业遭到重创的同时，实体经济必然会受到影响。金融危机之后，企业和居民的财富缩水，借贷成本提高、企业投资减少、居民失业增加等。据统计，2008年9月，美国就业岗位减少了16万个左右。至2009年2月，美国申请失业救济人数达到498万7千，失业率达到7.6%。2008年下半年，美国GDP（国民生产总值）都为负增长，经济呈衰退状态。

作为全球最大的经济体，美国的金融危机必然会波及全球经济。美国金融业的重组导致美国的投资资金大量回流，资金流出国的投资需求得不到满足，导致经济增幅下降甚至衰退。

由于市场和宏观经济的变化，使得美国的次贷危机影响了整个贷款行业的现状，这就是系统性风险所带来的影响，也正是因为这次的惨痛代价，人们开始重视系统性风险。

系统性风险的来源是多方面的，主要有政策风险、利率风险、购买力风险及市场风险等。

1.政策风险

政府经济政策、管理措施的调整影响企业利润、投资收益的变化；证券交易政策的变化直接影响证券的价格。而其他一些政策的变化，比如对于私人购房政策的变化，也会影响证券市场资金供求关系。因此经济政策、法规的出台和调整，对证券市场会产生影响。

2.利率风险

市场价格受市场利率水平的影响，市场利率提高时，股市资金就会发生变化。

3.购买力风险

由于物价的上涨，等额的资金不能买到过去同样的商品，物价变化导致资金购买力的不确定性导致了购买力风险，也称为通胀风险。在证券市场中，投资证券的回报通过支付货币的形式展现，通货膨胀造成货币的购买力下降，投资收益也会因此下降，给投资者带来负面影响。

4.市场风险

市场风险是在证券投资中较为常见，通常由证券价格起伏不定引起。市场整体估值较高，市场风险也随之加大。

总之，系统性风险的发展是极其迅速的，具有明显的普遍性，系统性风险一旦发生，对于企业的打击十分严重，因此了解和识别系统性风险是企业防范系统性风险的前提。

3.1.2 应对风险的4大措施

由于系统性风险普遍性的特点，很多企业想弱化，甚至规避风险及其带来的影响，首要的做法就是深入了解系统性风险出现的原因。

1.高杠杆带来的风险

从2009年开始，非金融的杠杆受到4万亿元刺激政策等因素的影响，拉动GDP的增长，而且增长速度非常快。但实际上可投资的金融资产相对有限，这在很大程度上会引发风险。

2. 僵尸企业

正常企业的资产负债率平均为51%，而僵尸企业平均的资产负债率为76%，如果大环境与市场真正能清理掉僵尸企业，那么对去杠杆与控制风险都有很大帮助。

3. 金融创新与金融风险

互联网金融存在潜在风险，以平台特性最为明显，有带来垄断的问题，并且会增加"羊群效应"，互联网金融平台和传统金融机构的合作也会出现新问题。

4. 监管问题

与个别风险的管理相比，系统性风险的监管更加复杂困难。一是难以进行系统性风险的估测，二是中央银行不能快速找到注入流动性资金的渠道，因此很难履行贷款人的职责。

当前的大环境所存在的系统性风险影响着各行各业的发展，还有很多企业处在难以应对系统性风险的状态，因此，企业一定要小心谨慎，从自身做起，谨防系统性风险带来的负面影响。

既然知道了系统性风险产生的原因，那么该如何应对？此前应对系统性风险的监管措施之一就是把金融市场进行明确分工，禁止混业经营。而当代金融市场中，金融创新活动越来越多，这就使得传统的分割式监管越来越困难了。

监管体系必须是灵活的，以风险管理为原则，不是根据设定好的规则来实施监管。因为当代的金融系统，不再是简单的服务系统，其需要综合考虑风险管理及自身发展。因此，监管系统要基于市场变化的灵活性做出迅速反应。

防范系统性风险的对策主要有以下几个方面。

1.发展壮大实体经济

企业要加大技术创新投入，提高企业创新力和竞争力，整体实体经济的增强会提升对系统性风险的应对能力。

2.深化金融体制改革

深化金融体制改革，发挥市场在金融资源配置中的决定性作用。

3.健全金融监管体系

健全金融监管体系不仅要提高监管的灵活性，还要加强监管体系与各种经济政策的协调，加强不同监管部门之间的协同。

4.强化安全能力建设

加强对系统性风险的研究，准确把握其演化规律，推进金融市场基础设施建设，确保金融基础设施稳定。

总之，在应对系统性风险时，企业一定要首先加强自身实力的建设，提高自己的创新能力和市场竞争力，企业实力稳固，对系统性风险的承受力也会越高。同时，企业也要对市场风险有充足的认识和分析，把握其规律，并根据外部环境随时调整自己的策略。

特别强调的是，当系统性风险发生时，全球经济都将受到毁灭性打击，金融市场也会受到影响，而且会出现股指下行、估值水平大幅下降等情况。正所谓"倾覆之下安有完卵"，当整个市场出现问题时，一些本来安全的企业也可能被"误伤"。

外部风险识别及处理办法

除了前文提到的系统性风险以外，外部风险也需要警惕。例如，经济政策发生变化、行业发展前景差、上市地点选择错误等，都有可能引发外部风险。企业要谨慎识别外部风险，及时提出处理办法，争取将其"扼杀在摇篮里"，不让其对市值产生任何影响。

3.2.1 经济政策变化预测

由于宏观经济因素和经济政策的变化、市场的周期性波动、全球范围内的经济因素影响，投资者收益都可能出现变化。

2007年5月29日，财政部对证券交易的印花税进行了调整，由1‰上调至3‰。市场受到印花税率利空消息的影响，沪深两市双双受到影响，不包括ST股票和未股改股，两市共有853只股票跌停，上海A股跌停数量就达508只，而深圳A股则有345只股票跌停，范围在9.95%～10.04%之间。上证指数暴跌281.84点，报收4053.09，深证成指跌829.45点，跌幅均超过6%，两市成交金额共计4166.80亿元，跌破纪录。股指从5月29日的最高点4335

点，一路下滑至最低点3858点。

除了沪深股市放量暴跌以外，香港股市也逐渐走低，亚太地区主要股指出现普跌，日经指数30日午盘下跌0.2%，报17631.56点，恒指全日跌176点，报20293，新加坡海峡时报指数29日午盘下跌0.1%。

可以看出，当印花税调降的时候，市场出现上行，当印花税调升的时候，市场出现下行，所以印花税和市场呈现反向运动。同时也证明宏观经济政策的变化，对企业市值有很大影响。

3.2.2 行业趋势分析

行业影响着投资者对企业的认知与预期，影响企业的市值。通过对行业的分析，能更明确地知道某个行业的发展状况，以及它所处的行业生命周期的位置，并据此作出正确的决策。

例如，100年前，美国的铁路发展非常兴盛，铁路股票也炙手可热。但在如今，超过一半的美国人甚至没有坐过火车，铁路股票也很难引起投资者兴趣。而曾经无人问津的冷计算机产业和移动设备制造业的股票则愈来愈热。

例如，作为银行业的工商银行2017年上半年净利润1529.95亿元，移动互联行业的腾讯327.07亿元，2017年上半年净利润前者约是后者的5倍。

拿腾讯和工商银行相比，作为互联网行业的龙头企业，腾讯2013—2016年四年的净利润分别是155.6亿元、238.9亿元、291.1

亿元和414.4亿元，2017年上半年净利润327.07亿元；净资产分别是579.5亿元、800.1亿元、1200.4亿元和1746.2亿元。

工商银行2013—2016年四年的净利润分别是2615亿元、2744亿元、2745亿元和2791亿元，2017年上半年净利润1529.95亿元；净资产分别是1.28万亿元、1.54万亿元、1.80万亿元和1.98万亿元。

2017年上半年工商银行的净利润约是腾讯的5倍，2013—2016年这四年工商银行的净利润也远高于腾讯。

前三年两者的市值差不多，腾讯三年的市值分别是8033.7亿元、9158.7亿元和12415.1亿元，工商银行三年的市值是10086.3亿元、15610.5亿元和15503.7亿元。但到了2016年，腾讯的市值首次超过工商银行，9月腾讯的市值突破2万亿港元，折合人民币1.75万亿元人民币，工商银行的市值是1.59万亿元人民币，2017年工商银行的市值是2.4万亿港元，腾讯3.08万亿港元，腾讯再次高于工商银行。

这就说明市场投资者更看好腾讯这类互联网企业的成长性。这就是不同行业对投资、对企业发展带来的差异性影响。

不同行业会对估值产生较大的影响，对于腾讯这种高成长性的互联网企业，资本市场所给的估值较高，而工商银行属于银行股，市盈率普遍较低，股息率基本在8%以下，仅靠股息和市盈率难以满足投资者的盈利需求，因此银行股的吸引力较低。

而且银行属于传统行业，估值方式多以净资产和盈利能力为主，而互联网这种新型企业多以市场份额和用户数量为主。工商银行的个人客户数在5.5亿以上，而腾讯的客户数量接近10亿。这方面，工商银行并没有优势，工商银行市盈率为6.8，而腾讯的市盈率为34.7。

这就是行业对市值、估值的影响，因此，对行业进行分析是更好地进行企业分析的基础。了解其他同类企业的状况，通过横向对比明确目前企业在同行业中的位置，再加上对企业的具体经营和财务状况的分析能获得在激烈的现代经济竞争企业的经营情况。

行业所处的生命周期也同样制约企业的生存和发展。汽车诞生前，欧美的马车制造业非常繁荣，然而连现在的汽车行业都已进入生命周期中的稳定期。

如果某个行业处于衰退期，那么无论属于这个行业中的企业资产多雄厚，经营管理能力多强，都无法摆脱整个行业下滑的前景。

那么，如何判断企业所处行业的景气程度？可以从下面三点入手。

判断企业所处行业的景气程度

（1）从商品形态分析企业产品是生产资源还是消费资源。一般情况下，较消费资源而言，生产资源受行业变动的影响大，当经济好转时，生产资源的生产增加比消费资源快；当经济下滑时，生产资源的生产萎缩也快。

（2）从需求形态分析企业产品的销售对象及销售范围。明确企业的产品是以内销为主，还是外销为主。内销易受政治、经济政策因素的影响，外销则易受国际经济政策、贸易气候的影响。

（3）从生产形态对企业进行分析，企业是否为劳动密集型、资本密集型或知识技术密集型企业。随着技术的发展，劳动密集型企业已经逐步被知识技术密集型企业取代，可能人工智能行业就会被看好。

3.2.3 上市地点选择

企业上市涉及上市地的选择问题，而上市地的选择涉及法律、上市成本、影响力以及投资者偏好等要素，还需要考虑对企业市值的影响，因此需要进行综合考虑。

不同地区的市场，呈现出不同特性和偏好。同时也在反映投资者的特点。例如，中国A股市场的估值一直都处在比较靠前的位置，而美国市场落后于A股市场。以同为电商的苏宁电器和阿里巴巴为例，来具体看看上市地对企业以及企业市值的影响。

苏宁电器选择了在中国A股上市。

2004年7月21日，苏宁电器在深圳证券交易所上市，发行价为16.33元，首日收盘价32.66元，涨幅为100%。

苏宁电器上市后，企业通过健全治理结构、规范运作、合理使用募集资金等，实现了整体的快速发展，并且股票得到了投资者的广泛认同，价格屡创新高，三年时间里其增长超过50倍。

上市不仅为苏宁电器募集了资金，还为其带来了至少需要上亿元广告费才能达到的宣传效果，苏宁电器上市后，证券市场严格的监管机制、更透明的管理要求等都为其今后的稳步健康发展提供了制度保障。

2014年9月，阿里巴巴在美国上市后，股票代码"BABA"，首日收盘价为93.89美元，上涨38.07%，按收盘价计算，市值已超过2300亿美元，并且阿里巴巴的市值还在不断提升，截至2017年1月12日，阿里巴巴的市值已超过2402亿美元。

苏宁电器选择在国内上市，原因主要有以下几个方面。

首先，国内发行风险更低，国内外市场的供求关系有很大不同，在国内发行的股票能够调动国内投资者认购的积极性。中小企业在国外发行股票，常常因为缺乏对投资者认购风险的认知而导致发行失败。

其次，国内投资者对企业的运作和产品更加了解，企业股票的价值可以得到真实的反映。

再次，国内投资者对企业的认知可以提高企业股票的流动性，国内企业股票的平均日换手率高于国外上市的股票。

最后，国内市场中小企业发行市盈率多为20～30倍，发行价格约为国外市场的2倍，而且因为流动性强，上市企业再融资也更为容易。

而阿里巴巴在美上市，其原因也是多方面的。

1.融资成本低，快速提高企业竞争力

国内证券市场发行新股数量不断增加，市场规模也在不断扩大。但是，如果新股发行过多，也会对二级市场产生不好的影响。企业在国外上市能快速扩大生产规模、提升品牌国际知名度。此外，国外上市周期短、手续较为简便，客观上降低了阿里巴巴的融资成本。

2.完善企业治理结构、企业制度

阿里巴巴在美上市后，外资股股东会依照企业规定来保护他们自身的权利，要求企业切实履行企业规定承诺的义务，及时准确地进行信息披露，这有利于提高企业经营管理效率。

3.学习国外先进技术、管理经验

阿里巴巴在美上市后，可以学习国外企业的先进管理经验，

全面提高自身素质、增强国际竞争力。

4.提升企业在国际资本市场中的形象

阿里巴巴通过在美上市，为国外企业了解国内企业提供了平台，也为自身开拓国外资本市场打下了良好的基础。在美上市后，阿里巴巴提高了自己的海外声誉，有利于其开拓国际市场和在对外贸易中得到信贷和服务的优惠，为阿里巴巴的全面发展创造了有利的条件。

5.过程简单，能够在较短时间内完成融资

企业到国外上市，程序较为简便，准备周期短，符合条件的拟上市企业在1年时间内就能实现挂牌交易。这有利于企业把握国际证券市场机遇，在较短时间内为企业获得发展资金。

不同的上市地因政策与环境的不同，对上市企业的市值有不同程度的影响，上市地不同带来的各方面的影响都与企业的市值密切相关。因此，企业在挑选上市地时，一定要充分了解不同上市地的特点，结合自身发展状况选择最佳上市地。

从这两个企业上市后的情况可以明显看出上市地对企业市值的影响。企业在美国、新加坡等上市肯定要比在国内上市的市盈率低，这也是为什么很多企业回归A股。

即使在同一个国家，不同的板块之间的市盈率差别也很大，如主板、创业板、新三板之间。因此，准备登陆资本市场的企业最好是先选国内市场，国内具体板块的选择也要结合企业的自身所处的阶段和特点确定。

第4章

融资方案设计：
提升市值需要
融资

企业要想发展壮大，推动市值不断提升，仅靠自有资金是不够的，还要借助融资筹集更多资金，使自身规模进一步扩大。既然要融资，那就应该有科学、合理的融资方案。这样更有利于企业实现融资目标，也可以增加企业的经济效益。很多企业已经将设计融资方案作为一项核心工作看待，本章就来介绍应该如何把这项工作做好。

4.1

做好融资前的准备工作

企业要想顺利获得融资，必须重视融资前的准备工作，包括制定分阶段融资方案、组建一个优秀的融资团队等。对于创业者来说，做好准备工作可以让自己以最饱满、良好的状态征服投资者，从而更轻松地获得企业需要的资金。

4.1.1 制定分阶段融资方案

常见的融资阶段有种子轮、天使轮、A轮、B轮、C轮、上市，现在以陌陌为例来具体看看企业的融资阶段，如下图所示。

1.种子轮

种子轮的企业由于在品牌、产品、运营方面存在明显缺陷，风险很大。国内外的数据都表明种子轮企业的成功率不足10%。这一阶段投资量级一般在10万～100万人民币，特点是投资风险高，以较少的投资就能获得较多的股权，一旦成功回报也最高。

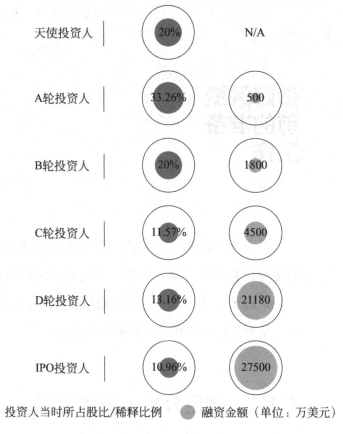

	投资人当时所占股比/稀释比例		融资金额（单位：万美元）

陌陌的融资进程

2.天使轮

天使轮的企业已有产品雏形和初步的商业模式，积累了一定数量的核心用户，这时候的投资者多是天使投资人或天使投资机构。投资量级在200万～800万人民币之间。这个阶段的投资风险也非常高，成功率特别低，实际上是风险投资的一种特殊形式，是对于高风险、高收益的初创企业的第一笔投资。当然有时候种子轮和天使轮分的不是太明确。

唐岩是陌陌的创始人，他是一位经验丰富的连续创业者，在业内比较知名，因此在陌陌成立初期就获得了天使轮融资。

3. A轮

在A轮阶段，企业有了成熟的产品，逐渐具备完整详细的商业及盈利模式，在行业内拥有一定的地位和口碑，但企业可能依旧处于亏损状态。

在A轮阶段，投资者多为专业的风险投资机构（VC），投资量级在1000万～1亿人民币之间，和天使期相比投资风险较低，成功率稍高，作为早期投资，成功后的回报也非常高。运营一年后，陌陌的MAU（月活跃用户）达到50万人，但此时它的ARPU（单用户贡献）为0元，收益依然是0。

A轮后陌陌获得了大笔资金，因此进行了大规模的推广活动，6个月后因花费过多，又进行了A+轮融资，由于大量资金的补贴，这时候陌陌的MAU达到500万人，这个时候才开始盈利，虽然ARPU仅为1元人民币，但总体就是500万人民币的收入。

4. B轮

经过A轮的大笔资金投入后，这一阶段的企业获得了较大的发展，一些企业已经开始盈利。如果商业模式、盈利模式没有任何问题，就可能需要推出新业务、拓展新领域。

投资者大多是上一轮的风险投资机构跟投，也会有新的VC、私募股权投资机构（PE）加入。投资量级也会更大。这个阶段的投资风险相对较低，成功率高很多，相对前面几轮投资，回报率虽低但依然可观。

经过又一年的发展，陌陌的月活跃用户增长了1000万人，总月活跃用户达到1500万人，ARPU达到5元，企业收入迅速增长到7500万元。而ARPU能迅速增加，是因为这个时候陌陌已经通过广告、游戏进行了变现。

5. C轮

发展到C轮阶段的企业一般都已经非常成熟，这轮除了需要拓展新业务外，还需要补全商业闭环、做好上市的准备。

投资者主要是PE，也会有之前的一些VC选择跟投。投资量级在2亿美元以上。此时的投资风险较低，成功率相对较高，可作为上市后一次高回报投资。

这一阶段的陌陌历时一年发展，用户已达3000万人，平均从每名用户身上获取10元人民币，再加上游戏广告收入和电商以及会员收入，按照收入3亿元计算，企业利润占20%，净利润达到6000万元。

C轮后企业就可正式上市了，但也有部分企业选择融D轮。陌陌在2014年12月12日于美国纳斯达克上市，每股发行价为13.5美元，利润高达30%～50%，超出传统行业较多。

4.1.2　组建一个优秀的融资团队

投资者在投资时看重的不外乎两点：一是项目，二是人。一旦项目和人没有什么问题，他们很可能就会出手。在人这个方面，投资者非常注重对团队和CEO（Chief Executive Officer，首席执行官）的考察。因此，在融资前，必须由优秀的CEO组建一个黄金团队。

1. CEO

优秀的CEO是项目取得成功的决定因素之一。例如惠普公司的前主席兼CEO将惠普公司从一个默默无闻的小公司发展成为全球知名的大公司，试问，哪个投资者不想和如此优秀的CEO合作呢？优秀的CEO往往有较强的专业能力和社交能力，同时还具有一定的领导和决策能力，从而可以推动团队不断进步与发展。

2.团队

优秀的团队可以作为投资者判断项目是否可以顺利完成的依据，如果团队成员之间有很强的协作与互补能力，就可以更好地解决危机和突发情况，从而提升项目的成功率。投资界有一个公认的理论："早期投资主要就是投人。"投资者更青睐具备丰富从业经验、拥有强大政商资源、技术扎实、学习效率高、表达能力与沟通能力比较强的团队。

以雷军为例，他曾多次表示自己利用创业初期的大部分时间去寻找优秀的团队，而小米公司自身的团队也非常出色。

小米最初的团队由林斌（原担任Google中国工程研究院副院长，Google全球工程总监）、周光平（美国佐治亚理工大学电磁学与无线技术博士，原摩托罗拉中心高级总监）、刘德（原北京科技大学工业设计系主任）、黎万强（原金山软件设计中心设计总监，金山词霸总经理）、黄江吉（原微软中国工程院开发总监）、洪峰（原Google中国高级产品经理）组成。对于小米公司来说，这几位人才是不可或缺的存在，帮助其获得了更多的投资。

4.2

商业计划书
撰写指南

商业计划书（Business Plan，BP）是创业者与投资者建立联系的载体。创业者需要一份优秀的商业计划书来展示企业的现状和未来发展潜力，从而激发投资者的兴趣；投资者需要借助商业计划书了解企业，判断自己是否要为企业投资。

一份优秀的商业计划书通常包括4项内容：产品介绍、商业模式分析、竞争对手分析、团队介绍。在撰写这些内容时，创业者要秉持实事求是、通俗易懂的原则。

4.2.1 产品介绍：描述产品定位及痛点

描述产品是商业计划书中非常重要的一项内容，主要介绍产品定位和痛点。

很多创业者都有这样的经历：参加某一个创业路演时，在台上慷慨激昂地说了半天，却连项目的目的都没有表达出来。因此，在撰写商业计划书时，把产品的定位以及痛点介绍清楚非常重要，这将影响到投资者的选择。

业内流传着一个陈述产品的公式：**产品针对某个特定人群存**

在+描述潜在用户人群+产品属于某个类别+核心卖点+与竞争对手产品的主要区别。这个公式对产品做出了清晰的定位。产品展示的要点主要有以下几点。

1.目标市场

目标市场是细分市场后选择的市场，即明白产品给谁（Who）用的这个问题，这是陈述产品定位的第一步。

2.找出用户痛点

产品所能满足的用户需求就是用户痛点。简单来说，痛点就是用户在正常的生活中遇到的问题，如果问题不能解决，用户就会陷入负面情绪中。

因此，用户需要一个解决方案来化解自己的痛点。产品正是因为具有化解用户痛点的功能才会被用户选择。描述产品所能解决的用户痛点是陈述产品定位第二步。

3.分差异化价值点

对目标市场需求、产品以及竞争对手产品定位综合考量，提炼出的产品独特价值点就是差异化价值点，产品的差异化价值点实际上是产品的特性。

创业者要明确市场目标，找到用户痛点，并对痛点背后产生的原因进行分析，明确产品定位，找到解决方案，并表明自身产品的特性。这是构筑商业逻辑的基础，是商业计划书必不可少的重点内容。

4.2.2　商业模式分析：盈利前景要广阔

投资者的投资目的是获得财富增值，所以他会格外关注产品的商业模式。商业模式的本质是"利润=收入－成本"。在互联网时代，要站在长期的视角来考虑这一公式，简单来说，就是项目在当前可以不赚钱，但在未来必须要实现盈利。

创业者需要在商业计划书中说明项目的核心业务是什么，近期和远期的盈利模式分别是什么，介绍获取的流量以及详细的变现方法。

目前为止，变现的核心仍然是流量。什么是流量？每个人就是流量，流量能够带动日活、周活、月活，提升用户留存率。为什么流量是核心？表面上看是因为只有人才会给你付钱。更进一步就能发现，变现的目的不是为了现金，而是为了金钱背后的价值，这些价值，是人生产的。

真正的盈利模式只有一种，那就是流量变现。因此商业计划书中的商业模式部分需要展示企业未来如何赚钱，以及为什么现在的产品形态及发展趋势能够支撑未来的盈利模式等。

实际上商业模式并不是简单的盈利模式，其包括产品模式、用户模式、推广模式和盈利模式四种形式。所以商业计划书中的商业模式要包含以下几个方面：你能提供什么样的产品；给什么样的用户创造什么样的价值；在创造用户价值的过程中，用什么样的方法能获得商业价值。

而且商业计划书的侧重点并不都一样，具体到不同的项目方向，重要性不一样，具体情况要具体对待，但商业模式一定要有，如果你有很好的商业模式，要单独拿出来展示，增加自己的可信度与竞争力，如果没有，就将侧重点放在未来预期上，比如早期的互联网创业企业，其商业计划书中能看到未来潜在的巨大市场即可。

真正好的商业模式一定是能为用户提供有价值的产品，能带来实实在在的用户使用量，能进行变现。

4.2.3 竞争对手分析：展现自身价值

对一个企业来说，行业分析是一件非常重要且必须要做的事情。它能够帮助和支持评估企业的发展趋势，分析现有或潜在竞争对手的能力及动向，为企业提供强有力的信息支持，形成面向未来的核心竞争优势，创造自己的价值。

行业吸引力决定了企业现有竞争对手是否继续参与竞争或退出市场，其他竞争对手是否进入市场。企业准确地预测竞争对手绝非易事，可以做方向性的预测。

在市场竞争上，通常有两类竞争对手：一种是具体的、狭义的对手，另一种是广义的、一般性的对手。广义上他们会影响你的市场销售。在确定了自己的市场位置之后，要选择并了解自己的主要竞争对手：在什么方面有竞争，差别在哪等，选择合适的精品是进行竞品解读的重中之重。

首先要对竞品进行定位，这样才能对竞品的功能、发展有更加明确的认知，从而选择自己最大的竞争对手；其次要明确竞品的市场规模及变化趋势，比如市场占有率、用户活跃度等指标；最后要了解竞品的主要功能，这样才能实现最精确的对比，同时还能从竞品的发展过程中学到一些经验，甚至还可以将竞品的某个功能的主流程画出来，用于自己产品后期的对比和优化。

在撰写商业计划书中的竞品解读时，特别要从以下几方面进行。

（1）市场竞争方面的描述。

（2）市场占有率。

（3）在市场竞争中的地位。

（4）阻碍新产品或服务进入市场的因素。

（5）商业机会。

以京东金融为例，看看它的竞品分析，如下图所示。

	京保贝、京小贷	蚂蚁小贷、网商银行
供应链金融	• 2013年12月开展京保贝业务，2014年10月开展京小贷业务 • 累计放贷300亿，月放贷额超过40亿，旗下拥有国内规模最大的商业保理公司之一	• 2010年开展蚂蚁小贷业务，2014年开展网商银行 • 服务超过160万家小微企业，累计放贷余额超过4000亿
消费金融	京东白条	花呗
	• 2014年2月开展业务 • 截至2015年6月底，累积激活用户超过324万，累积活跃用户约200万，累积透支额突破100亿	• 2015年4月开展业务 • 上线20天用户数突破1,000万
支付	京东支付、京东钱包	支付宝
	• 2012年10月收购网银在线 • 合作商户已超过50万家，拥有5700万绑卡用户	• 2004年10月成立 • 截至2015年6月底，实名用户数超过4亿；2014年财年总支付金额达到38,720亿元，日均支付量达106亿元
众筹	产品众筹、股权众筹	淘宝众筹、蚂蚁达客
	• 2014年7月开展业务 • 产品众筹目前是国内第一大众筹平台，截至2015年6月底，累计用户数达127万，累计募集金额达7亿元人民币；股权项目21个，募集成功率95%	• 2014年3月淘宝众筹（产品众筹）上线，2015年5月蚂蚁达客（股权众筹业务）上线 • 截至2015年7月8日，淘宝众筹已有累计报名项目3.2万个，审核上线1700多个，累计筹款超过4亿
理财	小金库、小白理财、基金理财等	余额宝、招财宝、蚂蚁聚宝
	• 2014年3月陆续开展业务 • 拥有107万活跃用户，季度交易额突破200亿，最近月交易额90亿；中国第一支主动型大数据券商基金、行业第一支大数据基金、首创理财产品如智投、白拿等	• 2013年6月陆续开展业务 • 超过2亿理财用户；余额宝规模超过6000亿，是全球第三大货币基金；截至2015年7月，招财宝累计交易额超过2,000亿，月交易额400亿，是国内最大的网络理财平台

京东金融竞品分析

在这个商业计划书里，它选择的竞品是蚂蚁金服。

京东金融于2013年10月独立运营，它的定位是服务金融机构的科技企业。目前已开展了多个业务板块，包括小金库、白条、金条借款、保险、基金、分期免息、理财产品、黄金、家庭储蓄金、目标盈。

"蚂蚁金服"来自支付宝。2013年3月,支付宝的母公司宣布将以蚂蚁金服为主体,筹建小微金融服务集团,小微金融成为蚂蚁金服的前身。2014年10月,蚂蚁金服正式成立。

蚂蚁金服用了十一年的时间成为国内互联网金融的标杆,而京东金融成立短短两年的时间就已经搭建了完整的生态体系,开展供应链金融、消费金融、支付等五大业务板块,并且每项都保持了流量高速增长。通过对同类产品的对比,来凸显京东金融的成长空间与竞争优势,以及日后的发展方向。

在如今这个信息爆炸的时代,几乎不再有独门生意,除非你现在研制出了治疗艾滋病或各种癌症的特效药,否则就实实在在地在商业计划书里用合适的语言将自己与竞品作对比。

4.2.4 团队介绍:投资者喜欢黄金团队

项目的团队是能否支撑项目发展的关键因素,投资者十分重视团队。因为只要团队优秀,模式、市场与利润就都可以创造;团队不好,再好的想法(点子)也无法实现。在很多人的商业计划书里,都存在以下几个问题。

(1)想要介绍的人太多,1页PPT不够用。

(2)团队人员经历太丰富,需要的文字太多;团队经历很少,没什么可以写。

(3)过于突出成员的名字,介绍文字很小。

(4)团队成员照片太过生活化。

为了体现团队优势,很多项目的BP里会放大成员的经历,如毕业院校、曾经的任职经历等,这些不是不可以写,但是要把握好分寸，写与本次项目有关的经历。

创业者做项目需要积累相关经验，所谓术业有专攻，若团队里都没有人非常了解自己的产品以及涉及的行业、专业技术等，如何让投资者信服。

360金融的商业计划书里展示了六位团队成员。首先介绍了项目的核心领导，董事长刘威以及CEO徐军，详细介绍了两人的工作经历：刘威是奇虎360集团副总裁，曾担任奇虎360集团战略投资者；徐军是前友道金融创始人兼CEO，有16年的金融业经验。除了核心创始人之外，还展示了相关项目的负责人，同样介绍了曾经的工作经历与个人能力，比如毕业院校等。

在商业计划书中，团队介绍的位置不固定，通常在重点内容介绍完毕后，或放置在融资计划前面。如果团队优势非常明显，也可优先展示以吸引投资者。

4.3

投资者关心的3种数据

在融资过程中，投资者最重视的无疑是自己可以获得多少回报，对创业者面临的问题和难处并不感兴趣。只有回报足够高，投资者才有可能考虑为创业者投资。因此，创业者应该在商业计划书中加上与回报相关的数据，如运营数据、财务数据、融资数据等。

4.3.1　运营数据：用户、销售相关数据

运营数据是对项目目前设定的产品定位、商业模式的市场初步验证。通过运营数据，投资者可以了解三方面的内容：一是通过运营数据可以了解项目或企业过去的发展情况；二是验证已设定的商业模式和增长策略的实际效果；三是预测未来的发展趋势。这三方面会影响投资者的最终决定，所以运营数据要注意突出关键发展节点、关键数据和增长趋势。

企业可以根据保密性要求适当披露运营关键数据，运营关键数据包括以下内容。

（1）用户相关：日活/月活用户、日活/月活率、增长率、转化率、使用时长等数据。

（2）销售相关：成交量、日订单数、客单价、毛利率、往年及本年销售收入、增长情况、增长预期等。

以360金融的商业计划书为例，来看看在商业计划书中的运营数据如何展示，如以下三个图所示。

360金融直接在商业计划书中披露了2016年自己的核心数据，又对数据进行了预测，2016年的利润还是-55590千元，呈现亏损状态，2017年的利润就达到3亿～4亿，2018年为8亿～9亿，通过这样的数据对比，能让投资者直接看到360金融的发展空间，加强了自己软件的竞争力。

核心数据及预测

2016核心数据

	2016Q1	2016Q2	2016Q3	2016Q4e
总交易额（亿元）	160.14	197.14	224.12	259.35
总收入（千元）	4 450	6 050	7 240	7 540

数据预测

	2016	2017	2018
收入	27 532千元	十亿元左右	二十亿元左右
利润	–55 590千元	3亿~4亿元	8亿~9亿元

360金融的商业计划书（1）

发展规划：计划到2018年底实现用户量达千万级别，资产管理规模超万亿，2020年完成上市

360金融的商业计划书（2）

未来五年互联网金融行业将会出现若干个市值千亿甚至万亿人民币的公司			
蚂蚁金服 ANT FINANCIAL	LU 陆金所	WeBank 微众银行	京东金融 JD Finance
成立 时间	2013	2012	2014	2013
上一轮估值水平	750亿 美元	185亿 美元	100亿 美元	72亿 美元
	5700亿 人民币	1276亿 人民币	666亿 人民币	500亿 人民币

360金融的商业计划书（3）

　　360金融又展示了自己的发展预期，计划到2018年底实现用户量达千万级别，资产管理规模超万亿元，2020年完成上市，在计划书中，通过简单的走势图简要介绍了现状以及未来发展方向，未来准备怎么做，做什么来增加自己的市场占有率以及利润。通过展示目前存在的竞争对手的估值，来映衬自己的发展空间，展示增长预期，这能增强投资者的信心。

　　如果展示的阶段性数据有V型转折，要解释清楚，比如开展了用户测试，或者出现阶段性失误等，以打消投资者的疑虑，避免留下不可信任的印象。

　　若企业没有优势数据怎么办？如果现阶段没有成熟的或优势的数据，可以把运营数据理解为发展现状和发展里程碑，即从成立到现在取得的重大进展，向投资者展示企业的发展进程与执行情况。

数据展示的表现形式最好是图表，即便不是图表，用的表格也要像360金融一样，将数字展示出来，不要罗列一大堆文字。

图表是表现数据的最佳方式，不但可以反映基础数据情况，还能反映逻辑关系和变化趋势。常见的图表形式有饼形图（扇形图）、条形图、折线图。其中饼形图（扇形图）多用于展示比例关系，一般用于表现份额或者市占率；条形图用于对比，将自己的增长率与竞争对手对比，或对不同时期增长率进行对比；折线图表现变化趋势，凸显企业的增长预期。

4.3.2　财务数据：现金流、成本、收支等

任何商业活动和项目的最终结果一定都会反映在财务数据上，投资者在投你的时候，一定也会要求知道企业现在的资金流向，以及你对未来的财务规划，可以发展成什么样，可以产生什么样的价值、收入、利润等。

所以在撰写商业计划书的时候，财务数据也是必不可少的一项，从数字的角度来思考这个项目的现在及未来发展情况，从中推演出这个企业和项目的价值所在。

财务数据主要包括现金流、固定成本以及近期收支三方面。

现金流是指项目期间产生的现金流出流入的全部资金收付总量。现金流数据是一项比较重要的数据，每个企业在经营过程中都会面临大量的现金流动，在计划书中应该将这些繁杂的数据整理出来，以表格的形式向投资者展现，如下表所示。

现金流数据表

单位：万元

项目	2013年	2014年	2015年	2016年	2017年
经营中产生的现金流入	1840	1920	2006	2098.5	2198
经营中产生的现金流出	987	1031.6	1079.6	1131.3	1187
经营活动中产生的现金流量净额	853	888.4	926.4	967.2	1011.1
投资活动中产生的现金流出小计	500	510	321	333.1	146.4
投资活动中产生的现金流入小计	200	200	200	200	200
现金流量净额	31.8	35.4	239	242.6	246.2

固定成本与变动成本相对，成本总额特定时期和特定业务量范围内不受业务量增减变动影响，维持不变。市场变化风云莫测，明确表明未来一年或者六个月需要多少钱，用这些钱干什么，每个月固定成本是多少，运营成本是多少等问题，比只预测自己未来三年能挣多少钱更有说服力。

固定成本分为约束性固定成本和酌量性固定成本两种。约束性固定成本是指为维持企业运营，必须支付的成本，如设备折旧费、财产税、房屋租金、员工工资等。这类成本数额一经确定，就不能轻易改变，具有相当程度的约束性。

酌量性固定成本是企业管理年度计划开始之前，根据经营情况、财力情况制订的计划预算额形成的固定成本，比如新产品研发费、广告宣传费、职工培训费等。这类成本的有效期只规定在预算期内，企业可以根据不同情况确定预算。

近期收支的理解比较简单，就是指近期项目的收入以及支出，以京东金融为例，如以下两个图所示。

京东金融的商业计划书中既展示了关键财务数据，如具体利润、资产负债等，又展示了不同业务板块的收入与交易额。全方位展示了过去京东金融的市场与发展，也向投资者展示了未来的可能。

利润表	2014Q3	2014Q4	2015Q1	2015Q2	2015Q3
营业收入	150 209	248 548	282 814	435 416	541 793
营业利润	(103 315)	(141 729)	(118 048)	(268 698)	(291 766)
利润总额	(102 943)	(141 786)	(118 048)	(267 828)	(291 734)
净利润	(104 581)	(145 465)	(118 292)	(268 112)	(291 507)
资产负债表	2014.9.30	2014.12.31	2015.3.31	2015.6.30	2015.9.30
总资产	4 355 864	6 340 842	7 469 535	13 061 635	17 466 499
总负债	2 843 870	4 666 209	5 906 092	11 670 792	16 365 221
所有者权益	1 511 994	1 674 633	1 563 443	1 390 843	1 101 278

注：财务数据来自公司未经审计模拟财务报表，未来可能调整。

京东金融商业计划书（1）

单位：人民币亿元

交易额	2014Q3	2014Q4	2015Q1	2015Q2	2015Q3
供应链金融	44	57	52	93	115
消费金融	10	17	23	50	66
财富管理	49	67	96	223	257
众筹业务	0.2	1.4	1.8	6.9	8.3
保险业务	N/A	0.02	0.04	0.14	0.12
支付业务	357	579	647	987	1 076
交易额合计	461	721	820	1 360	1 522
收入	2014Q3	2014Q4	2015Q1	2015Q2	2015Q3
供应链金融	0.26	0.39	0.49	0.76	1.05
消费金融	0.19	0.37	0.52	0.96	1.24
财富管理	0.02	0.03	0.04	0.14	0.47
众筹业务	0.00	0.05	0.05	0.15	0.13
保险业务	0.00	0.00	0.01	0.03	0.02
支付业务	0.96	1.59	1.63	2.26	2.45
其他（注）	0.07	0.04	0.08	0.05	0.05
总收入	1.5	2.5	2.8	4.4	5.4

注："其他"收入包括理财收入以及为集团提供的资金理财服务收入。

京东金融商业计划书（2）

在制定这部分的数据时要注意数据的科学性、真实性，不要夸大或者减少自己的近期收支，一旦造假被投资者发现，投资者就不会再考虑你的项目。而且这个数据不能从财务部门直接拿来使用，必须结合现状以及未来发展预测，对企业的实际收支情况做一个合理的展示。

4.3.3 融资数据：设计完善的融资规划

任何企业从提出构想到建立、发展、成熟，都存在一个成长周期，一般分为种子、初创、成长、扩张、成熟、上市等，不同阶段对融资的需求不同，因此，企业要从战略性上合理安排企业不同阶段的融资规划。

不管项目是什么轮次，融100万元还是融1000万元，投资者都需要先作判断，因此，在商业计划书中向投资者展示项目的估值，以及融资后的具体规划是十分有必要的。对投资者来说，早期项目的盈利不重要，重要的是后期能否实现高增长。

在商业计划书中，企业应分析特定时期的预算，确定自己的花钱节奏，设定花钱阶段，让投资者心里有底。

首先，保证资金至少用一年半，这个时间不是唯一的，企业可以根据自己目前的发展状况以及融资需求具体设定，重要的是向投资者做许诺，表明自己对资金的重视与规划。拿到投资是一件好事，但市场千变万化，没有人能保证项目的进展一定达到预期，更无法保证下一轮融资会比现在更顺利，所以创业者要踏踏实实做融后规划。如果不计划，原本能用一年半的钱，有可能半年不到就没有了。

其次，由目标和管理半径决定花钱节奏。融资是为达到既定的市场份额提供支撑，企业追求的目标直接影响花钱节奏，完成目标才有利于下一轮顺利融资。企业发展扩张会增加管理问题，如果管理跟不上，那么花钱节奏就要慢一些，不要盲目加快自己的发展进度。

最后，将财务总监当作重要防线。一个称职的财务总监会告诉管理者什么钱该花，什么钱不该花，哪一阶段能花多少。

在商业计划数据里展示这些花钱阶段，无疑是在给投资者打一针强心剂，让投资者放心。

另外除了融资后的阶段开支，团队出让的股权比例也是一个值得关注的点。立场上，你的需求是估值越高越好、出让比例越低越好，对投资者来说正好相反。前期融资如果出让的股权比例过大，投资者的利益空间较大，但不利于团队的长远发展；如果出让的比例过小，又会压缩投资者的利益空间。**这里建议稀释的股份要少于30%，稀释太多你就成了打工的，稀释太少投资者可能不太感兴趣。**

因此，看团队的股权结构划分是否合理，在商业计划书中也很重要。关于团队的股权结构，应该注意以下两点：一是CEO务必是大股东，保证合理的占股比例，出让的股权比例要在其控制之内；二是有相应的股权和期权激励措施，预留一定空间的股权和期权池来吸引优秀人才加入团队。

融资金额需要具体到数值、币种（美元还是人民币），融资用途需要细化到具体项目。这部分内容需要创业者根据计划制订具体方案，展现创业者的决策和规划能力。

市值管理

第5章

企业战略升值：建立高速发展新视角

为了确保企业战略的合理性和高价值性，也为了保护市值，创业者需要让企业战略符合时代潮流，使其随着社会发展不断升值。这里有两个关键点：根据发展规划自检企业战略，打造更有价值的企业战略，本章将对这两个关键点进行详细介绍。

5.1

根据发展规划自检企业战略

自检企业战略是一种综合性管理活动，即对企业战略中存在的问题进行研究与分析，从而有效提升企业的运营效率。当然，这也是企业在市值管理方面自我评估、自我改善、自我提升的一种方式。优秀的企业战略与发展规划应该是相符的，而且要获得利益相关人的认可。

5.1.1 将企业战略完整地描述出来

对企业而言，在向社会传递属于自己的战略时，要先明确向社会传递的战略信息，怎么讲述未来发展前景，好的描述才能实现资本市场、投资者和内部员工的支持与认可。那么什么样的描述是好的描述？主要有四个角度。

1.有明确的战略

具体内容可以参考评估企业战略的四个维度。

2.表达精准、通俗易懂

有的企业认为战略描述是年度经营计划，比如"在2018年度实现的营业收入基础之上，2019年继续拓展新业务、新市场，保持企业业务快速增长。"这些内容并不属于战略范畴，也不能作为战略描述。

有的企业将战略当成口号，比如大力发展柔性生产、实施精细化管理等。还有的企业将战略目标理解为战略描述，有的企业认为一般人都看不懂的专业名词就是好的企业战略描述。

实际上并不是，相对标准的战略描述要能说清楚以下三个问题：**企业位于的行业；提供的产品和服务；为哪些目标客户创造什么价值。**

3.保持资源配置与战略描述的一致

资源配置与战略描述的一致性主要体现在两个方面。

一是战略描述与现金流流向的一致性。比如定位是家具行业的生产加工型企业，将大部分内部资金和募集资金用于理财，没有用到实际经营中，这家企业的重心不是企业经营，投资机构会放弃对该企业的关注。

二是战略描述与并购动作的一致性。比如一家家具生产企业的战略中表示要全力向互联网行业转型，但战略发布后，一年内的并购并没有互联网业务相关的企业，很明显这家企业的战略也没有保持一致性。

4.随着企业发展调整

企业的战略不是一成不变的，当外部环境发生变化，战略可能就不适用了。实现了周期内的战略目标，战略就要需要升级。这体现出企业的战略描述要随着战略调整进行调整。

一家主营家具生产的集团企业有家具生产、信息技术服务、互联网三块业务，收入占比为6：3：1，若企业的未来规划是彻底转向互联网，那么在战略描述中，该企业就一定要将自己定位为互联网企业。虽然实际的业务结构与战略不一致，但可以通过战略向社会及时传递信息，并不断提高互联网业务占比来表明企业实现战略的决心。

无论是评估战略的四个角度，还是描述战略，都是为了能顺畅地向社会展示企业的战略，最终实现社会、投资者对企业未来的认可。

5.1.2　自检企业战略的4个维度

对企业而言，在向社会传递属于自己的战略时，要先明确向社会传递什么样的战略以及信息，这一点的实现需要先对企业的战略进行评估。

首先需要从以下四个维度来评估企业的战略，检查传递的战略是否与企业相符。

1.战略清晰度与认可度

战略清晰度与认可度是对战略描述的考察，清晰度包括战略定位、发展路径规划与战略布局是否兼顾短期竞争与长期竞争；战略描述能否清晰传递企业的价值。认可度是指企业传递的战略被资本市场认可的概率。在从这一维度进行评估时，要注重战略对企业长远发展的影响和指导作用。

2.竞争能力

竞争能力是对企业规划的竞争能力发育难度、环境以及合理性的考察。一般情况下，企业更适合将能力聚焦，为避免能力过度分散，可将目光放在最具有竞争力的某个或几个核心能力。在评估这一方面的能力时，要考虑企业是否制定了有效举措，并分析企业是否有科学、合理的发展战略，以及输出或复制商业模式的能力。无论是短期战略还是长期战略，都能推动核心竞争力直接转化为业绩。

3.战略一致性

战略一致性是指企业在战略的实际执行过程中，资源配置方向与战略的描述一致，还可通过资源的配置情况来考察企业执行战略的力度和决心。

4.战略成效

战略成效体现企业战略管理能力，通过财务数据展现战略执行的最终成果。

通过这四个维度对企业战略评估，帮助企业明确要向社会、投资者传递什么样的战略，并为描述这些战略、向社会展示自己打下基础。

传递的战略与企业相符合是对企业战略进行评估的重要方面，它可充分发挥企业的竞争力。除此之外，企业对战略的评估还应包括以下两个方面。

企业对战略的评估是否有利于打开市场。提高市场占有率是确定企业战略规划时需要考虑的目的之一，市场是企业发展壮大的基础，一个准确的战略规划一定会有利于打开企业发展的市场。

企业对战略的评估是否预见了未来发展的趋势。企业若想更好地发展，把握市场的变化、提升自身的竞争力是必不可少的。在企业战略的制定中，需要引导企业的发展趋势，一方面使得企业的发展顺应市场环境的变化，另一方面，快速推进企业技术的发展，使其可以走在行业前列。

总之，对企业而言，要传递符合企业发展、能够体现企业竞争优势的战略，同时该战略还要立足市场需求，预见未来发展趋势，引导企业的技术创新和竞争力提高。

5.2

打造更有价值的企业战略

企业战略在一定程度上是决定企业发展成败的关键因素，换言之，企业能否发展得好，与企业战略是否科学、合理息息相关。如果企业战略选择失误，那么企业的整个经营活动很可能就会满盘皆输。因此，打造一个适合企业且有价值的企业战略已经是当务之急。

5.2.1 定位：让企业战略与众不同

企业战略包括行业竞争、产品营销、企业发展、品牌建设、融资投资、技术开发、人才引进等多方面战略。企业根据行业环境变化，依据自身资源和实力水平选择适合经营的领域和产品，在竞争中取得独特优势。

但不管是哪一领域的战略，首先要做的都是进行战略定位。全球定位之父特劳特在其著作《定位》中指出："在竞争对手如云的情况下，企业必须找到一种方式令自己与众不同，这是成功的定位策略的基础。"

企业战略定位的过程归纳起来必须有一些不可或缺的要素，无论出于长期规划或中短期运营计划目的，管理者都要把这些要素融入企业的战略定位中，才能帮助企业实现准确的战略定位工作。下面来看下都有哪些要素。

1.企业愿景

企业战略定位的首要因素是企业愿景，愿景体现了企业管理者希望企业在可预见的未来达到什么程度，因此，愿景必须明确企业的发展方向，必须能鼓舞人心。

2.企业使命

企业使命能让企业管理者明白现阶段做什么，为谁做，如何做。企业使命要具体到每一天，最终才可以达到期望的愿景。

3.核心价值观

企业的核心价值观是企业必须拥有的终极信念，是企业战略不可或缺的关键要素之一。只有坚持信念才能实现企业的愿景和使命。

4. SWOT分析

SWOT是指优势（Strength）、劣势（Weakness）、机会（Opportunity）、威胁（Threat）。企业通过这一分析方法确定战略发展方向、资源配置，选择优先发展和规避风险的策略等战略决策。

5. 年度目标

企业中每一个长目标都是由多个短目标共同构成。企业要有具体详细的年度目标，每个年度目标还必须包括如何达到该目标的详细计划。

定位是战略的核心，定位决定了企业的战略取舍，通过战略确定企业战略节奏、创造竞争优势。在市值管理中，企业如何进行战略定位？

（1）在企业的真实价值增长和可持续发展的长期战略的基础上，制定企业的资本市场和业务发展战略。当股票价格被高估时，可利用当前市场中的过度热情来增发股票，支持企业的业务发展。如果当前股票价格被低估，就可以借这个机会来回购股票，甚至退市。

（2）根据投资市场的交易偏好制定企业的发展战略。通过这种方式引起股票市场的短期积极反应。

（3）在企业可持续发展和真实资本价值最大化的原则下，进行企业资产的配置，制定企业的业务发展战略和投资融资战略。在这种原则之下，上市企业的市值管理不必迎合股票市场短期投资行为，企业的管理层也不必在意股票市场对企业的一系列负面影响。

5.2.2　多元化目标：指导企业向前发展

企业的战略目标是衡量企业制订的计划是否实现了使命的标准，是企业经营战略的重点。

由于战略目标确定了企业的使命和职能，企业各个部门也要制定具体的目标，除此之外，目标还取决于个别企业的不同战略。因此，企业的战略目标是多元化的，既包括经济目标，又包括非经济目标。虽如此，各个企业需要制定目标的领域却都相同，彼得·德鲁克在《管理实践》一书中提出了八个关键领域的目标。

（1）市场方面的目标：表明本企业希望达到的市场占有率、在竞争中达到的地位。

（2）技术改进和发展方面的目标：对技术改进和发展新产品、提供新服务的认知及措施。

（3）提高生产力方面的目标：有效衡量原材料的利用程度，最大限度提高产品的数量和质量。

（4）物资和金融资源方面的目标：获得物质和金融资源的渠道并有效利用，用资本构成、新增普通股、现金流量、流动资本、回收期等来表示。

（5）利润方面的目标：用一个或几个经济目标展示希望达到的利润率。

（6）人力资源方面的目标：人力资源的获得、培训和发展，管理人员的培养及个人才能的发挥。

（7）员工积极性发挥方面的目标：对员工实施激励、报酬等措施，以促进其积极性的发挥。

（8）社会责任方面的目标：注意企业对社会产生的影响。

战略目标结构形式也是多元化的，有以下几个重点：**以市场占有率为重点、以盈利为重点、以创新为重点、以低成本为重点、以企业形象为重点。**

战略目标与企业的其他目标相比，具有以下几个特点。

1.宏观性

战略目标是对企业全局的一种设想，着眼点是企业整体，从宏观角度对企业的未来进行较为理想的设定。因此，企业提出的企业战略目标是高度概括的。

2.长期性

战略目标的立足点是未来和长远，是企业全体员工通过长期努力对现实进行根本性改造。战略目标是长期任务。

3.相对稳定性

战略目标是总方向、总任务，要相对不变。这样员工才有明确的努力方向。但当出现客观需要和情况时，企业可以对战略目标作必要的修正。

4.全面性

战略目标是一种整体性要求。科学的战略目标综合反映了企业的现实利益与长远利益、局部利益与整体利益。

在上市企业中，很多企业一开始就明确提出自己的愿景。如招商银行的愿景为"力创股市蓝筹，打造百年招银"。"股市蓝筹"包括规范经营、业绩优秀、受客户信赖等内涵，要想保持蓝筹地位，就要有持续奋斗的决心和行动。

净收入是招商银行的短期目标，而市值的稳定增长才是招商银行的长期目标。"打造百年招银"体现了招商银行的决心，也是对客户、员工和股东的承诺。这一愿景的含义，一是把招商银行打造成一家与国际接轨的现代商业银行，使中国银行业在国际金融舞台上展现自己的实力；二是要构建有招商银行特色的企业文化，营造积极进取的企业文化和良好氛围。

　　围绕自己的愿景，招商银行不断开拓与创新，在革新金融产品与服务方面有了辉煌的成绩，适应了市场不断变化的需求，为中国银行业的改革发展作出了有益的探索，也取得了优秀的经营业绩。近年来，招商银行呈现出良好的发展态势，在权威媒体、机构组织的调查评选中，招商银行得到了中国最佳银行、中国最佳零售银行、中国最受尊敬企业、中国十佳上市企业等多项荣誉称号。

　　企业的战略目标是企业发展的导向，对企业的发展起着决定性作用。战略目标的宏观性、全面性都是为了确保其准确性，而战略目标的达成是一个长期发展的过程，战略目标的长期性和相对稳定性对达成目标也发挥了充分的引导作用，为目标达成提供了良好的环境。

第6章

资本运作机制：以优化资本架构为重点

  当越来越多的企业借助资本的力量跨过生存阶段而进入高速成长阶段后，资本就逐渐被视为一种经济权力，与资本息息相关的资本架构也受到广泛关注。如今的资本架构不单指各类资金的构成及占比，还包括为企业提供资金的人，如投资者和股东。

  了解投资者和股东，将其纳入资本架构有利于企业更科学、合理地进行资本规划，正确实施资本战略，充分发挥自身竞争优势，从而使市值得到一定程度的提升。

6.1

投资者架构：了解核心投资者

资本运作、融资、市值管理等行为，其实都是企业在为自己的未来发展做规划，而投资者似乎与这些行为都有关系。投资者主要包括战略投资者和财务投资者，他们的诉求通常是不同的。战略投资者会要求持股和参与企业的经营，也会在市值管理方面与创业者深入合作；财务投资者重视回报，更关心自己的短期利益，希望自己可以获得稳定的现金分红。

选择正确的投资者进行合作，可以让企业的发展"更上一层楼"，也有利于市值的提升。

6.1.1　和企业联系紧密的战略投资者

战略投资者是根据国家法律法规制定的要求，与发行人形成合作关系或合作意愿，并愿意按照发行人提出的具体要求与发行人签订投资配售协议的法人，和企业的业务联系较为紧密。

战略投资者通常和拟投资企业属于同一行业或相近产业，或处于同一产业链的不同环节。除了获取财务回报这个投资目的外，更看重其战略目的。企业如果希望在获取资金支持的同时，还能获得投资者在企业管理或技术方面的支持，通常会选择战略投资者。这有利于提高企业的行业地位，提高企业的盈利和增长能力。

那么，企业该如何选择适合的投资者？可从以下几个方面入手。

首先，战略投资者要有较为雄厚的资金条件，有较好的企业基础和较强的融资能力，可以为企业带来有力的资金支持和丰富的经验指导。

其次，战略投资者不仅要能带来大量资金，还要能带来先进技术和管理，促进产品结构、产业结构的调整升级。通过战略投资者的直接投资，企业从单纯的投资走向资本与实业结合，从中获得支撑融资企业未来发展的新产业支柱。

最后，对于战略投资者的选择，有资金、有技术、有经验、有渠道的，能够提高企业竞争力和创新能力的都是优秀的战略投资者。

企业引进战略投资者时，必须选择合适的股权结构。部分资本雄厚的投资者有时会利用其资金、管理等优势，以大比例、大额度入股，以期能取得控股地位。但这样的方式并不利于企业的长远发展，融资企业不宜为了满足战略投资者入大股的要求，脱离实际盲目扩大股本总额。一般情况下，企业在引进战略投资者时不能丧失对企业的控股权。

战略投资者基于不同的考虑，有不同的投资方式。

1.向目标企业注入现金、技术或资产

通过对目标企业资产的估值，融资双方通过协议明确战略投资者的现金投入数额以及目标企业的股权比例。

2.向目标企业股东支付现金

这是较为常见的股权转让方式，目标企业除了股东以及企业

结构的调整外，资产和现金保持不变。

3.向目标企业股东提供股权或股票

这也是一种股权转让方式，目标企业的自身资产、现金等未发生变化，股东通过转让目标企业的控制权获得战略投资者或其关联企业的股权或股票。

总之，选择有资金、有技术、有市场的战略投资者，对于企业的进一步发展壮大具有强力的推动作用，企业要根据自己的发展阶段和现状来寻找最合适的战略投资者。引进战略投资者以后，企业会获得资金、人才、管理经验等方面的支持，从而实现利益最大化。

6.1.2　专注于回报的财务投资者

财务投资者是指投资者的目的主要是财务投资，进行独立运营的私募股权基金投资就属于财务投资。这类投资者以获利为目的，通过投资获得经济回报，并在恰当的时机套现。财务投资者有如下几种优势。

1.专业性

对专业的财务投资者来说，必须掌握"融、投、管、退"，对于市场的分析判断和良好的管理能力往往能推动企业的项目快速发展。

2.大基金的品牌背书

比如红杉资本、IDG资本、君联资本等投资机构，在市场中拥有良好的口碑，这些投资者带来的品牌价值比获得更高一些的估值更为重要。

但财务投资者也有一定的劣势，因为要求短期回报，财务投资者会给被投企业施加压力，希望可以尽快上市，完成退出，但这并不利于企业的长远发展。

财务投资者有什么特点？具体表现在以下三个方面。

1.投资选择：财务投资者倾向于资本回报

财务投资者更多是从资本回报的角度选择投资。财务投资者多是采用私募股权基金的形势，募集市场资金，私募股权基金的逐利性决定了资本将退出夕阳行业和盈利能力弱的企业，流向未来发展前景更好、收益水平更高的行业和企业。

财务投资者在金融投资方面具有更多的资源和实力，对企业未来的上市融资具有很大的助力。因为财务投资者本身缺乏产业经营资源，因此对企业经营管理方面的要求比较高。投资后，财务投资者很难控制自己的投资，因此企业管理好、成长性高、有值得信赖的管理团队十分关键。

2.投后管理：财务投资者无能为力

财务投资者大部分都只是出资参股，除了偶尔参加董事会层面的重大战略决策外，大多数财务投资者并不参与企业日常的经营和管理。但为保障财务投资者对企业财务状况的掌握，很多投资者会要求被投企业按期提供财务报表。

3.股权退出：财务投资者迫切需要通过退出获得回报

财务投资者入股形式大多为普通股或优先股，可以保证投者的顺利退出，财务投资者的相关条款还包括卖出选择权和转股事宜等。

综上所述，财务投资者往往关心财务状况，注重企业的运营能力，较为看重短期利益。

6.2

股东架构：合理安排控制人

所有股东都希望自己的财富可以实现最大化，这也是企业打造资本架构所追求的终极目标之一。股东通常包括大股东、实际控制人、管理层股东等，企业要根据他们的具体情况和所做贡献为他们进行资源配置和利益分配，避免出现不必要的股东纠纷。

6.2.1 最优资本架构：股东财富最大化

资本架构是指企业资本的价值构成及比例关系。最优资本架构可使股东财富最大或股价最大，企业资金成本最小。资本架构反映企业的融资架构以及债务、股权的比例关系。在资本架构中，股权架构健康与否，不仅反映企业的过去和现在，还影响着企业的未来。

假设有一家企业于2016年年初成立，有四个创始人，分别为李某、何某、张某、赵某，这四人以每股一元的价格分别向企业出资了80万、60万、30万、30万人民币，占比为40%、30%、15%、15%。这个时候该企业的初始资本架构如下表所示。

该企业的初始资本架构

股份	股价	估值/万元	股比
800,000	1	800000	40%
600,000	1	600000	30%
300,000	1	300000	15%
300,000	1	300000	15%

为避免股权平均分配的问题，该企业的合伙人在企业成立之初约定了股权锁定条款、竞业禁止条款以及股权成熟条件。

该企业在2017年下半年完成天使轮融资，投资者出资450万元，占股15%，此时企业的估值和资本架构表是怎样的情况？

天使投资人出资450万元，占股15%，由此可得出天使轮时该企业的投后估值为3000万元，投前估值为3000-450=2550万元。天使轮创始人李某持股=（1-天使轮投资者占股比15%）×44.14%=37.52%，何某持股28.13%，张某持股14.07%，赵某持股5.28%。此时的总股数为800000/37.52%=2132196股

从而得出天使轮的投资者的持股=总股数-创始团队持股股数=319696股，股价=投资金额450万/所持股份数量=14.1元/股

2018年5月，该企业决定进行A轮融资，获得投资者1000万元的投资，占股为10%，此时该企业的资本架构为李某持股=（1-A

轮投资者占股比10%）×37.52%=33.77%，何某持股25.32%，张某持股12.66%，赵某持股4.75%，天使投资人持股13.5%。总股数为800000/33.77%=2368967股，A轮投资者持股236771股，股价为投资金额1000万/所持股份数量＝42.23元/股。

在这一轮融资中，由于企业急需通过引入战略投资者的方式为企业带来更大的发展空间，弥补企业目前存在的问题与不成熟，因此，这一轮该企业所选择的是战略投资者，并且设定的股份比例较大。

在进行资本架构的搭建的实际操作中，经常有企业不进行资本架构的计算，没有合理预见融资可能带来的影响以及股权分配，最终失去企业的控制权。因此，企业家一定要先搭配好每一次融资企业所需要的投资者种类，并做好股权分配计划，最终能在不失去自己的控制权的情况下，促进企业健康向上发展。

6.2.2 借助股权生命线识别大股东

首先要明确股权的生命九条线，如下图所示。

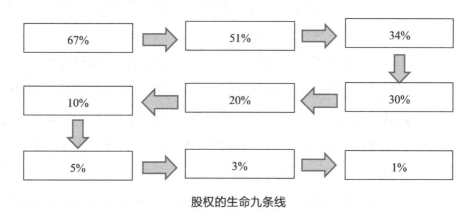

股权的生命九条线

（1）绝对控制权67%，67%的持股比例一定程度上相当于绝对控制权，这类股东主导企业章程的修改、合并与分立、增减资等重大决策。

（2）相对控制权51%，这是控制线，控股人控制企业，可对一些简单事项进行决策，或聘请独立非执行董事，选举董事、董事长、聘请审议机构等。如果企业发生了融资，经过2～3次稀释后，还能控制企业。

（3）安全控制权34%，拥有一票否决权。《中华人民共和国公司法》（以下简称《公司法》）中有三分之二表决权的规定，由此可反推出，股东持股量在三分之一以上时，就具有否决性控股权，也就是一票否决权。

（4）上市企业要约收购线30%，如果收购上市企业的股份达30%，继续增持就需要约收购，发出全面要约或者部分要约，不能采用程序简单、成本更低的协议收购。

（5）重大同业竞争警示线20%，其中一个企业通过股权或债权关系，持有另一企业20%的股份，占股20%的企业将会对被占股企业的决策产生重大影响，影响市场稳定与公平，但这种说法目前并没有法律支持，不具有明确的指导意义。

（6）临时会议权10%，有权召开临时股东大会，提出质询、调查、起诉、清算、结算。

（7）重大股权变动警示线5%，《中华人民共和国证券法》（以下简称《证券法》）规定，持有企业股份超过5%的股东，在收购或减持上市企业超过5%的股权时，需向公众披露。并需要在报告期限内或作出报告并公告后的二日内，不再买卖该上市企业的股票。

（8）临时提案权3%，此规定仅限于股份有限公司，股权达到

3%的股东有权在股东大会召开的前10日就关心的问题提出临时提案并书面提交召集人。

（9）代位诉讼权1%，如果企业高管损害企业利益，这类股东可以向企业董事会或监事会提请调查，还可以自己的名义，用法律武器直接代企业提起诉讼。

这九条线中，前三条可以称作"黄金分割线"，关系到企业的生死存亡。不同线对应的股东身份不同，首先来了解大股东。

大股东的股份占额比其他股东更大，也称为控股股东。现在市场中所说的大股东大多都是相对控股股东，即不再单纯强调比例，而是着重看对企业的控制权。简单来说就是大股东拥有企业的控制权。

控股股东是指股票占比大到足以影响企业的日常经营运作和重大决策的股东。控股股东的控股比例超过50%成为绝对控股，控股比例低于50%，但大于30%的股东成为相对控股股东。控股股东和大股东相一致，但大股东却并不一定包含在控股股东内。例如，华润集团虽然是万科的大股东，但是华润集团的持股量仅为17%，并不是控股股东。

上市公司大股东持股比例上限有具体的规定，沪（深）交所的上限是不超过75%。《证券法》第八十六条规定：**"收购要约的期限届满，收购人持有的被收购企业的股份数达到该企业已发行的股份总数的百分之七十五以上，该上市企业的股票应当在证券交易所终止上市交易。"**

由此可见，企业上市的条件之一是向市场公开发行占企业百分之二十五以上的股份。在收购行为发生后，收购人作为股东，在收购完成后已占有该上市企业百分之七十五以上的股份，因此该上市企业已不再具备上市条件。

《公司法》赋予了大股东控制权，实行一股一票的投票权和少数服从多数的通过的原则，无论是绝对控股，还是相对控股，企业的第一大股东在股东大会上对企业拥有重大决策权。

但大股东拥有控制权也可能造成行为偏斜，"以所有股东利益最大化为企业行为目标"的假设不是一直存在。比如在合资企业中，股东要求对企业的经营和决策进行控制，但如果该股东还在经营独资企业，那么，就有可能将企业中盈利较好的项目转移给独资企业。

如果企业运营的控制人是企业管理者，管理者的行为可能与股东目标不相符，从而引发矛盾。但如果是小股东控制，同样也可能对企业造成不良影响，由于小股东权利和应承担的责任不匹配，更倾向于冒险和短期获利的行为。由此可见，无论是管理者还是小股东掌握了控制权，都可能会出现控制权偏斜的问题。

控制权偏斜会带来哪些负面影响？最明显的就是大股东可以利用控股地位，侵占企业资源，损害企业和其他股东的利益，这违背了市场竞争的公允原则。

6.2.3　谁应该成为实际控制人

实际控制人和投资关系、协议设定等关系密切，主要负责对企业行为的管控。

《公司法》第二百一十七条规定："控股股东，是指出资额占有限责任公司资本总额50%以上，或者其持有的股份占股份有限公司股本总额50%以上的股东；出资额或者持有股份的比例虽然不足50%，但以其出资额或者持有的股份所享有的表决权已足以对股东会、股东大会的决议产生重大影响的股东。"

基于《公司法》条文，可以看出控股股东和企业实际控制人存在明显区别：**控股股东对企业直接持有股份，而实际控制人不一定是企业的控股股东。**

根据《〈首次公开发行股票并上市管理办法〉第十二条"实际控制人没有发生变更"的理解和适用——证券期货法律适用意见第1号》，证监会扩大了实际控制人的内涵："**能够对股东大会的决议产生重大影响或者能够实际支配企业行为的权力，其渊源是对企业的直接或者间接的股权投资关系。**"也就是说，直接或间接持有股权，均可被界定为实际控制人，证监会有将控股股东和实际控制人界定为同一人的先例。

法律对实际控制人的规定如下表所示。

实际控制人的法律规定

法律渊源	具体标准
《深圳证券交易所股票上市规则》	1.为上市公司持股50%以上的控股股东； 2.可以实际支配上市公司股份表决权超过30%； 3.通过实际支配上市公司股份表决权能够决定公司董事会半数以上成员选任
《上海证券交易所股票上市规则》	1.股东名册中显示持有公司股份数量最多，但是有相反证据的除外； 2.能够直接或者间接行使一个公司的表决权多于该公司股东名册中持股数量最多的股东能够行使的表决权； 3.通过行使表决权能够决定一个公司董事会半数以上成员当选
《上市公司收购管理办法》	1.投资者为上市公司持投50%以上的控股股东； 2.投资者可以实际支配上市公司股份表决权超过30%； 3.投资者通过实际支配上市公司股份表决权能够决定公司董事会半数以上成员选任； 4.投资者依其可实际支配的上市公司股份表决权足以对公司股东大会的决议产生重大影响

综上所述，实际控制人虽然没有直接持有企业股份，或持有股份比例达不到控股股东比例，但通过投资关系或其他协议规定，实际控制人也能实际支配企业行为。

除此之外，判定实际控制人还应结合以下因素进行分析：对股东大会产生的影响；对董事会产生的影响；对董事和高管人员的提名任免权利；企业股东持股的变动情况；企业董事和高管人员的变动情况；发行审核部门认定情况等。

在IPO中，实际控制人分为三种形式，如下图所示。

单一实际控制	常态：或者为控股股东自身，或者为控股股东的股东
无实际控制人	少见：股东较多、股权结构非常分散，或者虽股权并不分散，但单一股东不能控制公司的股东大会、董事会或对公司的重大决议造成影响
共同实际控制	认定单一的实际控制人不能真实的反映公司的控制权状态。拟上市公司的股东之间可能因为存在一些特殊的关系（如亲属关系、合作关系）而促使他们在行使股东权利时作出一致的意思表示，从而被认定为共同实际控制人。

实际控制人的三种形式

神州泰岳的王宁持股约为18.5%，李力持股约为18.5%，两人发行前的合计持股是约为37%，但由于该企业的其他股东持股的比例分散，比例大部分不到10%，又考虑到王宁和李力在企业的职位，以及对企业重大决策和经营活动的影响，因此将王宁和李力这两人认定为共同实际控制人。王宁和李力满足实际控制人持股比例不低于30%，且上市对股份稀释的影响。

根据《公开发行证券的企业信息披露内容与格式准则第1号——招股说明书（2006年修订）》的要求，实际控制人应披露到最终的国有控股主体或自然人为止。

实际控制人是解决企业治理问题过程中的关键点。股权结构是企业产权治理的基础，能有效解决企业的决策机制的设定，促进约束制度的形成，对规范企业的行为起到积极作用。

6.2.4　在内部设置管理层股东

首先来明确一个概念：所谓管理层，是指包括董事会在内的管理团队。而管理层股东是指参与日常企业管理的既是股东又是执行层的股东，通常是企业战略的实际制定人与执行人。

对有些企业来说，存在管理层的权力大，还是股东的权力大的权利冲突，而且企业控制权与所有权分离，可能会导致管理层懈怠，而且管理层追求的利益与股东利益可能不一致，这就可能导致管理层为了自己的利益而损害企业利益、股东利益。

这些矛盾与冲突成为很多企业经营不善的导火索。那么应该怎么解决？可以通过管理层股东，主要是股东根据企业章程参与实际的经营活动。法律规定，企业股东享有资产收益、参与重大决策和选择管理者的权利。

其中资产收益权股权是指分配请求权，比如优先认股权、剩余财产分配权等。参与重大决策权包括增加或者减少企业资本、发行企业债券、修改企业章程等。选择管理者权包括选举董事长、监事等。

股东参与企业管理的具体方法有以下几点。

（1）股东出席股东大会或由委托代理人出席股东会，行使表决权。

（2）选举权和被选举权。股东有权根据企业章程，选举具有任职资格、自己信任的董事或监事。当股东本人符合《公司法》规定的企业董事和监事的任职要求时，有权被选举为企业的董事或监事。

（3）依法转让出资或股份的权利。在有限责任公司的股东出资转让时，企业股东享有优先受让权，而股份有限公司没有这一限制。

（4）股东知情权。这是股东参与企业重大事项决策、行使权利的前提条件。比如股东可以查阅企业的章程、股东会会议记录以及财务会计报告等，同时对企业的经营具有建议权和质询权。

（5）盈余分配权和企业剩余财产分配权。主要按照股东的出资比例或股东所持股份比例进行盈余分配。有限责任公司的盈余分配比例可自行约定，但股份有限公司没有自行约定权利，只能按股份比例进行盈余分配。

（6）具有优先认购权。当企业出现新增资本或发行新股时，股东有权优先按出资比例或持股比例认购企业的新增资本或发行的新股。

在实际的应用中，无论是上市企业，还是非上市企业，都存在管理层与股东之间的矛盾和利益冲突，但通过股东参与企业的经营管理，能有效化解这一矛盾。

市值管理

第 7 章

组织体系建设：市值管理需要保障

企业属于一种特殊的组织，既然是组织，那就要有体系。建设完善的组织体系是企业的重要任务，这项任务有两个重点：搭建组织架构、成立核心高层组织（董事会）。

25.64		19	9.27	47.65	5.83	64.84	41.12	34.71	14.32	78.95	10.84
39			64.21	97.15	14.89	17.22	64.21	314.22	67.51	57.12	100.73
98.6		87.65	11.15	78.45	120.97	87.65	127.21	47.64	46.51	74.10
82.9			11.28	97.54	99.87	34.05	11.28	67.11	46.55	4.21	16.77
5		18.05	144.65	11.21	84.10	18.05	368.43	47.02	527.28	111.02
14		37.09	14	76.22	26.44	37.09	17.88	136.84	14.97	77.99
78.45		21.44	47.65	84	12.30	128.06	47.65	46.87	37.05	12.01	40.07
99.87		11.98	97.15		17.03	56.57	97.15	221.34	67.15	11.87	12.7
147.21		11.15		98.02	13.65	11.15	12.87	65.72	34.55	6
75.04			41.64	66	22.30	46.2	169.54	51.85	10
58.47				83	10	23.57	65.97
64.21						10.32
87.6							9.14
						124.2
					287.2

7.1

组织架构

在企业发展过程中，组织架构始终占据着一个非常关键的地位，甚至可以影响企业的整体效率和战略方向。鉴于组织架构的重要性，创业者必须了解组织架构的内容与分类，也要知道应该如何搭建组织架构。另外，企业中还要有审计机构，以便更好地加强财务管理。

7.1.1 组织架构的内容与分类

组织架构的概念有广义和狭义两种。狭义是指通过一定的组织理论设计，合理安排组织内部各个部门、层级之间的构成方式。广义的组织架构除了做出组织层级之间的区分外，还要加强不同组织之间的协调，包括部门之间专业化的协作等。

企业的组织架构为企业内部的决策权的划分和各部门的分工协作提供了便利。组织架构以企业的总目标为依据，合理配置企业内部的管理要素，确定活动组织的条件和范围，形成较为稳定的管理体系。企业组织架构包含以下三个方面的内容。

1.单位、部门和岗位的设置

企业服务于特定目标，具有相应的部分。它不是由整体到部分进行分割，而是整体为了达到特定目标，设置不同的部分。

2.界定各单位、部门和岗位的职责、权力

这是在界定企业内部目标功能作用，是一种合理有效的分工方式。如果单位、部门或所属岗位缺少必要的目标功能，那么这个构成部分可以被取消。

3.界定单位、部门和岗位相互之间的关系

这是界定各个部分在发挥作用时，彼此如何协调、配合、补充、替代。

解决第一个问题的同时，就已经解决了后面两个问题。但三者存在一种彼此承接的关系。组织架构的重点在于单位、部门和岗位的设置，其次才是各部分之间的职责确定和关系协调等。

在企业治理层面，相对通用的组织架构要有股东大会、董事会、监事会，内部要设专门委员会。董事会下是董事长，董事长下是总经理，总经理再往下就是各个副总经理和总监，副总经理和总监管理着企业不同的职能部门，包括负责采购、生产、销售、财务等职能。上市企业的架构有一个特殊要求，那就是董事会要有三分之一以上的成员是独立非执行董事，企业要有董事会秘书、证券事务部门和内部审计部门，如下图所示。

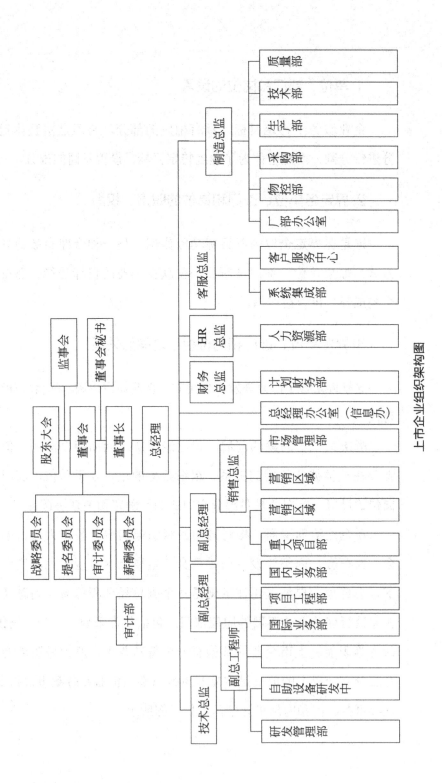

上市企业组织架构图

常见的组织架构形式主要分为三大类，分别是扁平式结构、智慧型结构以及金字塔型结构，其中金字塔型结构又包括六个小类，如下图所示。

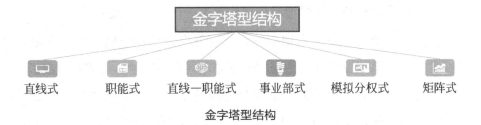

金字塔型结构

为了适应企业在经济环境中的发展，企业的组织架构应尽量灵活多样，但其发展方向应以扁平化为主。目前很多大型企业都对管理层进行改革，以扁平化的发展模式，提升企业的竞争优势。

例如，通用电气企业就曾经通过"无边界行动"和"零层次管理"对企业的管理层进行了有效缩减，从24个管理层缩减至6个管理层，管理人员也从2100人减少到1000人，整体员工人数也由41万人减少为29.3万人。这样不但降低了企业运营成本，也有效提高了企业的管理功能，增加了企业效益。在管理层进行缩减后，通用电气的销售额由原来的200亿美元上升至1004亿美元，利润明显增长。

我国也有一些企业在组织架构扁平化上做出尝试与创新，并取得了良好的效果。例如，海尔集团根据国际化发展战略，调整了组织架构，重新设计了原有的职能结构和事业部，把职能结构转变成流程网络结构，业务结构转为水平业务流程，首尾相接、连贯完善。海尔用市场链把各流程有效地连接起来。

海尔的实践证明，海尔的智能化部门实行扁平化改进后企业实现了"三个零"：与顾客之间零距离、资金的零占用以及质量的零缺欠，部门改进后海尔的经营进入了更高的层次。

7.1.2 如何搭建组织架构

了解了企业的组织架构的基本知识后，再来看一下企业如何设置组织架构，设置组织架构要遵循什么样的原则。

企业在设置组织架构时，有五个步骤，分别是对接战略、设置类型、设计涉及的部门、划分不同岗位功能、确定管理层级。

（1）对接战略。企业要先有战略才能有组织架构，然后才能根据组织架构进行岗位设置。但目前很多企业颠倒了这几个的顺序，导致因人设岗的管理乱象出现。而且组织架构的设置不同于组织架构的优化，它是从无到有，因此，在设置组织架构时，首先要与战略对接，以免最终的组织架构不符合企业所需。

在对接战略这一环节，组织架构设计者要明确以下几个问题：企业战略能细化为多少目标？从什么途径实现这些目标？这些目标哪些可以分解到哪个人负责？企业的决策者要关注什么重点？

（2）设置类型。因企业的组织架构类型会受到企业战略、企业不同发展阶段与管理方式的影响出现差异。目前企业的组织架构有六种主要类型：职能式、事业部制式、直线式、矩阵式、模拟分权式、矩阵式和直线—职能式，这六种形式各有特点，具体选择哪一种，企业除了要考虑战略，还需要遵循组织架构设置的原则。

（3）设计涉及的部门。这一步需要列出企业战略所承载的功能，比如总经理办公室、人力资源部、财务部、技术研发部、品质管理部、营销部等。

（4）划分不同岗位功能。企业选择的组织类型会对企业的组织功能产生影响。不同企业的总经理办公室的功能可能天差地别，比如有的总经理办公室需要负责采购，有的总经理办公室需要负责合同等。再比如小型企业的生产部的功能包括材料采购、安排生产计划、技术研发、工艺指导、成品检验、订单交付等在内，而大型的制造企业的生产部可能就只负责生产。一般功能划分越具体，岗位设置就越简单。

（5）确定管理层级。尤其是那些管理跨度大的企业，更需要考虑管理层级，以免出现管理真空。比如全国连锁的企业就要考虑到区域企业、省级企业、地方办事处等管理层级，通过不断细化来保证企业组织架构设计的责任均衡。

掌握了企业组织架构设计的方法后，还需要了解以下设置组织架构的原则。

1.以战略为导向

这一原则与组织架构设置的第一步一样，同样强调战略是组织架构的决定性因素，而组织架构又支撑企业战略落地。

如果企业的战略没有具体部门实行，组织架构就会出现残缺。上海某企业曾经在全国设立了十个分企业，经营规模超过亿元人民币，但由于该企业没有设置成本核算部门，企业在不知不觉中欠了银行一亿多元贷款，但这家企业的决策人根本不知道这些钱花在哪里，最终导致企业倒闭。

2.简单高效

并不是设置的部门越多越好，过多会导致效率低下，过少又会导致组织结构残缺，不利于长期发展。

3.负荷适当

这一原则要求在组织架构时，要适度划分部门的功能，不能一个部门承载的功能过多，也不能一个部门承载的功能过少。功能过多会导致部门反应迟缓，形成工作瓶颈，不利于企业的发展。

4.责任均衡

做到这一点需要企业在设置组织架构时合理授权，不能让某一部门权力过大，最终导致权力失衡、制约乏力，滋生腐败。

5.价值最大化

这是指要保证企业能以最少的投入获得最大的市场回报。

企业的组织架构是企业能长远向上发展的关键因素，因此，在设置组织架构时，企业一定要遵循以上五个原则与设置步骤，一步一步完善企业的组织架构，最终实现高效经营，提升企业市值。

7.1.3　必不可少的审计机构

上市企业的审计机构是指企业专职内部审计机构，旨在加强上市企业的财务管理。内部审计机构在业务上向董事长及审计委员会报告，在行政上向总裁报告。在不同的管理模式下，内部审计机构的观念、独立性、地位、工作范围、职能、监督作用和工作效率并不相同。

在董事会主管之下，内部审计具有最大的监督作用；在总经理主管之下，内部审计为具有最高的工作效率。因此，内部审计机构设于总经理主管之下和设于董事会主管之下这两种模式孰优孰劣，难分伯仲。但对于上市企业而言，无论是国际发展趋势还是资本市场监管层的导向，都有利于董事会主管模式的发展。

财务、基础制度审计是内审工作的一部分，实际上当一个企业的内控系统完善后，基本制度审计就不再是工作重点，财务审计也同样。

在企业中，内审不同于其他部门，它更多是站在外人的角度考察企业做得如何，这体现了它的独立性，但它又将考察的结果以及自己的分析和部分方向性建议如实报给企业最高管理层。这个时候它又是企业的一部分，这一点体现了它的不独立性。

《上市企业治理准则》规定：上市企业董事会可以按照股东大会的有关决议，设立战略、审计、提名、薪酬与考核等专门委员会；专门委员会成员全部由董事组成，其中审计委员会、提名委员会、薪酬与考核委员会中独立非执行董事应占多数并担任召集人，审计委员会中至少应有一名独立非执行董事是会计专业人士。

审计委员会的职责有哪些？

（1）负责聘请注册的会计师事务所，给事务所支付报酬并监督其工作。

（2）受聘的会计师事务所应直接向审计委员会报告。

（3）可以接受并处理本企业会计、内部控制或审计方面的投诉。

（4）有权雇用独立的法律顾问或其他咨询顾问。

《上市企业治理准则》对于审计委员会的职责是这么规定的：

（1）提议聘请或更换外部审计机构；

（2）监督企业的内部审计制度及其实施；

（3）负责内部审计与外部审计之间的沟通；

（4）审核企业的财务信息及其披露；

（5）审查企业的内控制度。

除了以上这些职责，审计机构还有其他的部分职责。这些职责看起来很简单，但具体实施起来具有一定的难度。

除了内部审计，上市企业的审计机构还包括外部审计，它的主体包括国家审计和社会审计，国家审计由国家审计机关实施，社会审计由管理当局批准设立的社会中介进行。相对于企业内部审计，由于外部审计独立于企业，不受企业管理的制约，只依法对国家、社会以及相关利益主体负责，具有较强的独立性、公正性与科学性。

内部审计与外部审计共同构成了完整的审计体系。在具体的实施中，企业要做到内部审计与外部审计相协调。

由于内部审计与外部审计在内容、范围、标准、程序等方面有相似之处，内部审计可以通过外部审计的资料，来提高审计效率，也可以借助社会审计完成内部审计，还可以与社会审计机构合作，加大企业内部的审计监督力度；外部审计也可以通过内部审计了解情况，利用内部审计成果来提高外部审计的工作效率。另外，内部审计与外部审计可互相监督，以保证审计的独立性。

由于上市企业的审计制度和监督机制较为规范，非上市企业可以多参照上市企业，再根据自己的实际情况进行调整。

7.2

核心高层组织：董事会

要说企业中最重要的组织是什么，那一定非董事会莫属。因为绝大多数决策都必须由董事会批准才可以执行，而且与公司运营和发展息息相关的CEO、总经理、副总经理等职位都是由董事会任命的。可以说，董事会是当之无愧的核心高层组织。

7.2.1　直接参与企业经营的执行董事

执行董事的英文为executive director，其中"executive"的意义为"执行的""实施的""行政上的"。由此可以看出，执行董事是指直接参与企业经营的人，在企业内部担任具体岗位职务、具有专业责任的董事，同时还参与企业经营。

7.2.2　起监督和平衡作用的非执行董事

非执行董事本身不在企业内部的经理层承担职务，因此也称为非常务董事，是董事的一种，同时也是董事会的重要成员之一。与执行董事相对，非执行董事对执行董事起着监督和平衡的作用。

2001年8月，中国证监会发布了《关于上市企业建立独立董事制度的指导意见》，该意见对独立非执行董事的含义、独立性标准、任职资格、产生程序职权义务等作出了明确规定。

非执行董事和独立非执行董事不同，非执行董事主要代表股东的权益，在取得委派股东信任的情况下，非执行董事可不具备专业能力，而独立非执行董事具有较强的专业性。

非执行董事的主要职责就是对执行董事的行为进行监督，为董事会的正常运转提供意见。现在普遍认为，非执行董事对于企业的运营有重要作用，他们要对战略内容、业绩情况和资源问题，如重要职位的任免等做出独立判断。

执行董事和非执行董事之间在法律上没有明显区别。英国的单一董事会结构中，执行董事和非执行董事负有相同的法律责任。非执行董事在接受任命前，应对企业进行全面了解和尽职的调查。

英国企业标准规定：**"执行董事对董事会事宜负责，并且他们应为企业提出建设性意见和相应的战略指导，也应向专家提出建议并对管理层实行管理。"** 通常，执行董事的企业运营经验丰富、个人品质和专业知识过硬，有能力为董事会提出有价值的意见。而执行董事的独立性也能为董事会的审议工作带来足够的客观性。

与执行董事在企业运营中具有的举足轻重的职能相比，非执行董事的作用似乎是比较少的，非执行董事只拥有企业议案的提出权，那么，非执行董事有什么用？

1. 战略方向

非执行董事以"局外人"的身份，比执行董事更能从影响企业的大局观入手，了解环境中的外部因素。非执行董事在战略提出过程中充当建设性的批评者的角色。

2. 监控性能

非执行董事还承担监督执行管理层业绩的职责，特别是对既定企业战略和目标发展方面的监督。

3. 报酬

非执行董事还要负责制定执行董事的薪酬水平。

4. 通讯

企业及董事会可以从执行董事在外部的联系和提出的意见中

受益。所以非执行董事的重要职能就是帮助企业、董事会和有潜能的人才建立组织网络。

5.风险

非执行董事还能保证财务信息的完整性，并确保财务系统和风险控制系统的稳健性和可辩护性。

6.审计

非执行董事在审计方面有重要作用。全体董事有责任真实、公正地向非执行董事反映公司行为和财务业绩，而非执行董事则需要定期监控必要的内部控制系统。

总体来说，非执行董事是不在企业任职的高层管理人员，主要起到监督和平衡的作用。非执行董事可以较为客观地了解企业的发展，从而提出更加客观的意见，同时其也会保证董事会考虑到全体股东的利益。

7.2.3 独立且专业的独立非执行董事

独立非执行董事在董事会中处于独立地位，并且不在企业内部任职，与企业或企业的管理者也没有重要的业务联系。因此独立非执行董事能对企业事务进行独立判断。

中国证监会在《关于在上市企业建立独立董事制度的指导意见》中指出，上市企业的独立董事除了在上市企业内部除担任独立董事外不担任任何职务，并且与其所受聘的上市企业的主要股东之间不存在妨碍客观判断的关系。

根据以上规定，上市企业董事会的成员中独立非执行董事的人数不应少于董事会整体人数的三分之一，并且要有一名独立非执行董事应为会计专业人士（具有会计高级职称或注册会计师资格）。独立非执行董事主要有以下几点作用。

（1）有利于企业的专业化运作。独立非执行董事能利用自身能力为企业的发展提供建设性建议，为董事会决策提供参考意见，从而提高决策水平与经营绩效。

（2）有利于检查和评判。独立非执行董事在对总经理、高级管理人员等运营团队的绩效进行评价时，能发挥非常积极的作用。相对于内部董事，独立非执行董事的评价标准更为客观，易于企业实施明确的形式化评价程序，避免内部董事"自己为自己打分"，最大限度实现股东利益。

（3）有利于监督约束。在监督总经理等高级管理人员方面独立非执行董事起到很重要的作用。

（4）平衡大小股东之间的利益。独立非执行董事在企业董事会中是独立的，不代表任何利益主体，同时在表决中又被赋予了一定的特别权力，在利益主体之间起到一定的平衡作用。独立非执行董事能客观地监督经理层，维护中小股东权益，防止出现内部人控制。当股东和管理层发生利益冲突时，独立非执行董事站在中小股东的立场上，对管理层质疑、指责和建议。

独立非执行董事最根本的特征是独立性和专业性。

"独立性"要求独立非执行董事和上市企业之间不存在经济利益，不产生运营、行权等方面的联系，保持独立，并且不受其他控股股东或企业管理层的限制。

"专业性"要求独立非执行董事必须有一定专业素质与能力，能凭借自己的能力对企业的董事、经理以及有关问题独立地作出判断，并发表有价值的意见。

那么，什么样的人可以担任独立非执行董事？还是以美国通用电气企业的独立非执行董事为例。

根据纽交所的指导意见，美国通用电气（GE）企业董事会成员中的独立非执行董事比例至少达到三分之二，人数应不少于10人，这些独立非执行董事不与GE企业存在直接或间接的"物质联系"。美国通用电气企业针对独立非执行董事制定了以下几方面的要求。

1.独立非执行董事在过去5年中不应有下列情况之一

（1）曾受雇于通用电气企业，或曾有直系亲属担任过通用电气企业的高层管理人员。

（2）曾受雇于同通用电气企业有合作关系的外部独立审计单位，或有直系亲属曾经是同通用电气企业有合作关系的外部独立审计单位的合伙人。

（3）曾受雇于通用电气企业，或有直系亲属担任通用电气企业的高层管理人员。

2.下列各项情况不属于影响董事独立性的"物质联系"

（1）某董事是另一家与通用电气企业有业务往来的企业的CEO，但这家企业与通用电气企业产生的销售或采购的金额，不足该企业年销售额的百分之一。

（2）某董事是另一家与通用电气企业存在债务关系的企业的CEO，这家企业与通用电气企业之间的债务数额不足该企业总资产的百分之一。

（3）某董事是一家慈善性组织的高层管理人员、董事，通用电气企业对该组织的慈善性捐赠不足该组织全年总捐赠收入的百分之一。

除此之外，还有别的一些要求，阿里巴巴集团的独立非执行董事有董建华、郭德明、杨致远、BörjeE.Ekholm以及龚万仁，他们在担任阿里巴巴集团独立非执行董事的同时，还在其他企业任职，而且都具有较高的学历和丰富的经验。

第 **8** 章

股权激励计划：打造企业利益共同体

　　在任何企业中，股权激励都是非常有必要的。但与此同时，股权激励又是一把"双刃剑"，使用得当可以起到振奋团队士气的积极作用，使企业的市值进一步提升；使用不当则很容易"踩坑"，导致花费了时间和精力却达不到想要的激励效果。本章详细介绍了股权激励的相关内容，可以帮助创业者制订股权激励计划，尽快打造一个极具力量的利益共同体。

8.1

影响股权
激励的
两大因素

实施股权激励的企业要拿出一部分股权给激励对象，使其享受股权带来的收益与权利，从而激励其勤勉尽责地为公司做贡献。但在实施股权激励的过程中，IPO、企业所处市场等会对股权激励的效果产生影响，导致股权激励无法发挥真正的作用。

创业者要提前了解影响股权激励的因素，将这些因素对企业的影响降到最低。

8.1.1　IPO：市值增长与股权收益变化

和IPO之后的上市企业的股权激励相比，由于IPO的财富效应，企业上市后的价值大幅增长，激励对象在上市前获得股份，上市后由股票获得的财富增值收益远超过IPO之后的股权激励。和工资性收入相比，股权激励不需要企业付出任何直接现金，不会增加企业的现金流压力，更能长期激发受激励人员对企业经营与未来发展的重视。

创业板市场28家上市企业中有19家企业在IPO之前就实施了股权激励，其中神州泰岳、莱美药业、上海佳豪、安科生物、鼎汉技术、亿纬锂能、网宿科技、中元华电、机器人、红日药业等15家企业在招股材料中明确表示，为激励、保留核心骨干，进行了股权变更；南风股份、爱尔眼科、宝德股份、华谊兄弟四家企业也在上市之前通过优惠价格向企业骨干增资或股权转让，实现股权激励。

阿里巴巴上市前的股权报酬包括三种，主要由限制性股票单元计划、购股权计划和股份奖励计划组成，上市后，限制性股票单元计划演变为阿里巴巴主要的股权激励措施。

员工获得限制性股票单元后，入职一年后可行权，分4年发放，每年授予25%，行权价格为0.01港元，对员工来说，很难亏损。

限制性股票单元除了可以用作股权激励，还可用于并购支付手段，在并购交易中，阿里巴巴支付的现金不会超过50%，剩余部分以限制性股票单元支付。假如阿里巴巴并购一家企业协议价是2000万元，它拿出600万元现金，剩下的1400万元以阿里4年限制性股份单元的股权来发放。

截止到2018年6月，阿里巴巴在美国上市4年后，向员工发放的累计的股权奖励高达804.85亿元，在互联网企业排名领先，如下页图所示。

在上市前后，企业实施的股权激励均会面临不同的问题与困难。那么具体有什么样的差别，企业应该怎么应对？

（1）建立长期激励整体规划，分步实施。按照企业的关键发展阶段，考虑对人才激励需求的不同，进行整体规划并分步实施。

（2）上市前的激励计划要着重匹配上市进程，确保对上市的正面促进作用。企业可以在上市前的两三年，甚至更早就启动股权激励计划。在企业的不同发展阶段，激励计划的授予价格定价依据也不同，比如离上市时间较远，通常参考每股净资产定价，临近上市多以预估的IPO价格做参照，上市后以市价为定价原则。

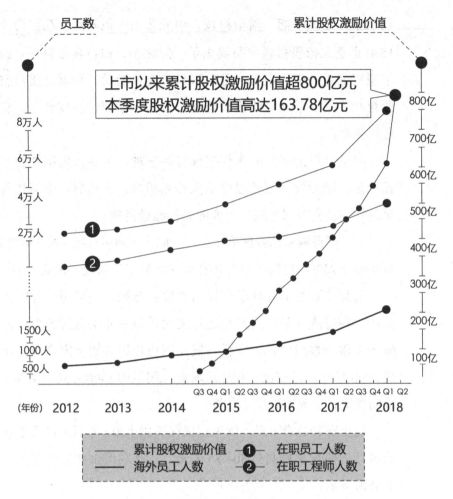

阿里巴巴员工激励

从激励效果来看，越早启动激励计划，授予价格越低，激励对象将来的获益空间越大，能更好地实现鼓励核心团队为企业上市而长期奋斗，有效防止"上市前突击入股"在市场中造成的负面影响。

（3）建立激励方案对接机制，上市后的激励计划要着重合合法性的要求。对接机制要考虑企业未来上市地的监管政策。

海外市场允许在上市前未实施完毕的激励计划保持到上市后，

但上市后的新授予实施要按照交易所上市规则的相应规定进行。但A股不允许上市前未实施完毕的股权激励方案延续到上市后，需要建立一个新老划断的时点，至少在上市后满三十个交易日方可实施新的股权激励计划。

股权激励计划在IPO前后必然存在一定的差别，企业要把握好这些差别，真正实现股权激励计划的促进作用。

8.1.2　所处市场：A股市场vs美股市场

在不同市场中，股权激励计划的差别较大，这里再以美国福特企业的股权激励计划与A股股权激励计划为例，来具体看一下存在的差别。

福特企业的股权激励计划采用股票与期权两种激励工具结合的方式。这两种工具优势互补，实现高管年度业绩目标和关注长期股东回报动机之间的平衡。福特企业的CEO于2012—2014年获得的PU（Performance Units，业绩股票单元）价值总计805.1万美元，股票期权价值为860.0万美元，PU价值和股票期权价值分配相当。

在美股上市企业中，多种激励方式相结合较为常见，并且激励的组合形式较为多样。例如，Facebook（脸书）的年度股权激励计划包括股票期权、限制性股票奖励和股票增值权等多种类型。

另外，在股权期权的设计上，福特企业采用多频次滚动式授予、浮动式行权价、行权周期长相结合的模式，这促使持有期权的高管既关注企业的短期业绩，又兼顾企业的长远发展，不断提升企业的业绩和市值，实现长期利益捆绑。

美股中 RSU（Restricted Stock Unit，限制性股票单元）的授予较为灵活。比如苹果企业除 CEO 之外的所有管理层，实施每两年一次的 RSU 发放，每次发放的 RSU 都分多个阶段、分批次到期。在这样的模式下，苹果企业所有管理层每两年就有新的未到期的 RSU 授予，也有以前年度授予的 RSU 到期，这就使得苹果企业的高管一直处于频繁、持续的激励状态。

福特企业高管的个人考核直接以高管个人持有的所有形式股权的价值为考察对象，形式简单，但由于高管持有大量的 PU 和股票期权，两者的利益关系也能更好地体现。

多种股权激励工具结合和多频次长行的权期授予法师，以及市值考核模式设计，都有助于高管和企业深层利益的绑定。

这些股权激励工具促使美股上市企业的高管自发地通过回购企业股票来保证股价的稳定。

据统计，大多数在美国上市的企业都使用了股权激励计划。美股市场普遍使用的是多种股权激励工具相结合的模式，而 A 股市场更倾向于使用单一的股权激励工具，如限制性股票、股票期权等。

在所有实施股权激励计划的 A 股上市企业中，大多数企业都采取一次性授予和单一行权价格，只有少数企业授予频次在三次及以上。

即便我国也有企业采取多次授予期权，比如某新三板企业推出的股票期权激励计划中，就将期权分三次授予，每年授予一次，但每次的行权价格都在股权激励计划草案公告之初已固定下来。这与美股上市企业常用的浮动式行权价格不同。

至于考核办法，A 股在考核过程中更关注净利润增长率、净利润、营业收入增长率、净资产收益率等考核指标。而美股普遍更重视市值方面的考核。

通过以上美股与A股的对比，可以看到股权激励计划在不同的市场存在差别，美股与A股之间的更大，无论是上市企业还是未上市企业，都要根据市场来确定、调整自己的股权激励计划。

8.2

如何让股权激励计划顺利落地

想让股权激励计划顺利落地，必须先明确股权激励计划的内容，然后根据企业的发展阶段和实际情况及时对其进行调整和优化。本节以一个十分成功的股权激励计划为案例，详细讲述让股权激励计划顺利落地的操作方法和技巧。

8.2.1　明确股权激励计划的内容

这里所讲的股权激励，分为上市企业和非上市企业两种，对于上市企业，2016年出台的《上市企业股权激励管理办法》规则相对清晰。对于非上市企业，目前还没有统一的股权激励的规则，所以相对来说设计可以更加灵活。

美国福特的"2008年长期激励计划"以业绩股票单元＋股票期权为主要方式，两者的比例为75%：25%，其中股票来源是定向发行。

福特的业绩股票单元（PU）相当于限制性股票＋业绩奖励股票，它既有转让限制与业绩考核，又属于免费赠予。具体的实施方法如下。

福特先是根据企业业绩完成情况授予PU额度，比如PU预设总额是100万份，企业业绩完成91%，那么就授予激励对象91万份PU。

福特在接下来的2015年3月授予了激励对象业绩股票单元，在两年的限制期内，个人无权转让业绩股票单元，也无法获得分红和股息；2017年3月，限制期结束后，福特为激励对象发行对应额度的股票。激励对象在获得真实股票后，就能通过股票转让等方式获利。

福特的PU与限制性股票单元（RSU）相似，在转为实股的环节和期权的行权类似，但是与期权略有不同。

福特要求高管从上任开始的5年时间内，必须达成相应的业绩指标，否则会对个人职务晋升和薪酬水平产生负面影响。

福特企业规定的业绩指标是指高管持有的股权价值之和并达到基本工资的一定倍数，包括直接或间接获得的普通股、年终业绩股票单元奖励总额等。最终由薪酬委员会对高管进行阶段性考核。

截至2015年4月，福特企业所有实行该项考核的高管都达到相应的业绩目标。

股权激励计划的设计除了要分出不同人群，还要根据企业的发展阶段、规模和面临的问题等进行调整。

从市值管理的角度来进行股权激励计划的设计，无论采用何种模式，在哪一类型的企业，哪一环节，都必须包体现以下五个方面的内容。

1.要有科学合理的业绩考核

股东并不在意给经营者支付了多少，在意的是支付的业绩条件，也就是说股权激励计划中业绩基础和业绩指标科学合理，能准确测量出经营人的努力和贡献。

在设计计划时，企业可以将历史业绩或同行业可比业绩作为对照依据，业绩指标包括净资产收益率、每股收益等反映股东收益和企业价值创造的综合性指标，以及净利润增长率等能反映企业盈利能力和市场价值的成长性指标。

2.经营者要付出一定的代价

简单来说，就是股权激励一定要被激励者花点钱来买，不能白给。被激励者得到的股权激励分为两个部分：一部分是自己花钱买的部分，相当于风险抵押金方式；另一部分是根据企业业绩送的部分，这属于激励部分。

3.考虑被激励者的风险承受能力

被激励者相对而言都属于风险厌恶型，他们承担风险的能力较弱。而在股权激励计划设计中，要求被激励者掏钱入股的目的是让被激励者承担企业未来的一定风险，但这个风险一定不能过大，否则股权激励计划就有可能失败。

4.体现递延性报酬特征

被递延支付的报酬是一种实现业绩目标的抵押金，为了在将来能获得这些抵押金，被激励者不但要尽力避免被解雇，还要努力工作。因此，在股权激励计划设计中，一定要体现出股权激励计划的递延性报酬特征，现在股权激励非常流行"一次授予，多次加速行权"的方式。

5. 报酬结构要合理

在被激励者的报酬结构中，基本工资、年度奖金和股权激励是最重要的组成部分。基本工资和年度奖金一般采用市场平均水平，股权激励部分要考虑企业市值增长。

8.2.2 及时调整和优化股权激励计划

在设计股权激励时，对可能造成企业潜在影响的财务影响也应进行估算，以帮助企业进行全面判断。除此之外，股权激励也有一定的生命周期，在宏观环境、政策环境变化中应做出恰当的调整。无论是股权结构还是股权激励，都是企业可持续发展的保障，在实施时需要综合多方面因素谨慎地、科学地设置。

2013年3月15日，以岭药业推出企业首期股权激励计划，计划受益对象包括企业中高层管理人员、核心技术人员等共141名员工，授予股票期权共计458万份，限制性股票为1159.2万份，约占以岭药业股本总额的2.97%，高管获得股份中的20%，中层管理人员和核心技术人员获得股份中的80%。首次授予的股票期权的行权价格为25.12元，限制性股票的首次授予价格为12.78元。行权期分为3期，2013年10月28日为授权日。

从该企业的实施计划中可以看到，在具体的实施的过程中要注意以下几点。

（1）授权日，即激励计划批准的日期，首先要通过董事会、股东大会的批准，股东以及员工同意实施这个计划。同时还需要证监会的批准，国有企业还需要国家相关管理部门批准。所以授权日对每个企业来说条件还不一样。以岭药业的授权日是2013年10月28日，从制订计划到批准授权日经过了7个月的时间，这个计划才获得批准。

（2）激励对象，包括高管、中层和核心技术人员等共是141人。企业真正实施股权激励计划的时候，需要把每个人的名字以及获得的股份数量，行权条件和价格都详细列出来。

（3）激励形式，以岭药业有两种方式：股票期权以及限制性股票。股票期权涉及行权价格，以岭药业是25.12元。限制性股票涉及授予价格，即现在允许员工以什么样的价格购买这部分股票，以岭药业是12.78元。限制性股票的价格大概是股票期权行权价的50%。

（4）行权期，股票期权计划是一个长达三年的计划，每一期的等待期是一年，需要分三期来逐步完成行权。

（5）行权日，即约定好的可以购买股票的日期。以岭药业在2013年10月28日正式授权，每一期等待一年，第一次可以行权的日期就是2014年10月28日，之后就是2015年10月28日和2016年10月28日。

除了以上几点，在实施股权激励计划时，还要有以奋斗者为本的价值理念。华为的基本理念就是以奋斗者为本。尤其是对创业期、成长期的企业来说，所有的股东和核心员工都还在投入，意味着要奋斗、投入、承担更大的责任和风险。因此，一定要以奋斗为本，以免企业内部出现"打土豪，分田地"的心态。

实施股权激励计划的前提是保持企业控制权的稳定性。

以岭药业限制了股票期权的可行权数量与行权期，规定了三个行权期可行权数量分别为20%、30%、50%，即每次可以购买预先授予股票总量的20%、30%和50%，规定了2年限制性股票的禁售期。

以岭药业还作出了禁售的规定：企业董事和高层经营者在为企业服务期间每年售出的企业股票数不得高于其所拥有总股票数的四分之一。离职后的半年时间里不允许售出所获股票。

无论是企业管理层还是董事，他们的行为都受到限制，以此来保证企业内部股权的稳定性。

8.2.3　一个十分成功的股权激励计划

股权激励计划这一概念源于美国，并在美国不断发展，之后随着中国现代企业的发展，很多中国企业也在实行这一计划。这是因为股权激励能留住人才、激发人才、提升企业业绩，无论是上市企业还是非上市企业，股权激励计划都很重要。

微软主营个人和商用计算机软件，为用户提供广泛的产品和服务，在全世界多地设有办公室与员工，微软留住这些技术型人才，很大一部分是通过股权激励计划来实现的。

微软为企业的董事、管理人员以及员工设立了股票期权计划，为他们提供非限制股票期权和激励股票期权。例如，微软2002年授予的期权，从授予日开始计算，4年半后开始行权，10年内终止。到2002年6月，微软已经行权的期权为3.71亿股，该计划还有5.43亿股可在未来进行授予。微软员工可获得企业的股份，享受15%的优惠，企业高级专业人员可享受的优惠幅度更大，另外微软还给任职一年的正式员工一定的股票买卖特权。

相对于竞争对手，微软的薪水并不具有强竞争性，但员工的主要经济来源是股票升值，员工拥有股票的比率比其他企业要高很多。在全球IT行业持续向上的大环境下，微软用这种方法吸引并保留了大量行业顶尖人才，大大提高企业的核心竞争力，使企业持续多年保持全行业领先地位。

2016年7月13日由证监会发布的《上市企业股权激励管理办法》，已于2016年8月13日起实施，股权激励也正式进入规范化轨道。

据WIND数据库统计，2011年至2016年间，我国已经实施了股权计划的上市企业共达1066个。增长率分别为69%、25.8%、17.9%、20.8%、54.0%，平均增幅达37.4%，如下图所示。

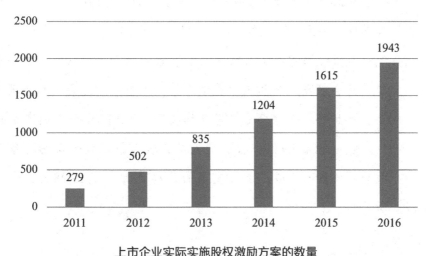

上市企业实际实施股权激励方案的数量

股权激励与一般报酬的支付方式不同，长期激励性报酬多数是通过"股权"或"期权"的形式来实现，因此通常将其称为"股权激励"。股权激励计划主要解决经营者与股东利益不一致的问题，通过股权或期权赋予经营者劳动者和所有者双重身份，使得股东和经营者成为利益共同体。

设计得当的股权激励计划既充满利益诱惑，又能有效约束经营者在传统薪酬激励方式下"竭泽而渔"的短期行为，推动企业的可持续健康发展的实现。

股权激励实际上就是将经济激励渗透到资本增值的过程中，将管理层的积极性问题转换为他们自己如何对待企业的未来业绩和企业股票价格的问题，让为企业做出突出贡献的经营者能合理分享创造的成果，消除利益失衡心态，防范并遏制经营者的不当行为。

2018年12月13日，山西汾酒发布的股权激励制度主要包括向股权激励对象授予不超过650万股的限制性股票，并且首次向397个股权激励对象授予590万股。截至2018年12月13日，山西汾酒股票价格为38.42元/股。

山西汾酒本次实行的限制性股票激励对象包括在任的企业的中、高层管理人员和核心技术人员，其中山西汾酒副总经理宋青年、武世杰、李俊等8位高管均在列。8位高管每人获激励授权5万股，其他389位中层管理人员、核心技术人员激励对象合计共获授权550万股，首次授予的价格均为每股19.28元，如下表所示。

山西汾酒首次授予的限制性股票分配情况

姓名	职务	获授权益数量（万股）	占授予总量的比例	占股本总额的比例
宋青年	副总经理	5	0.77%	0.006%
武世杰	常务副总经理	5	0.77%	0.006%
李俊	副总经理	5	0.77%	0.006%
马世彪	总会计师	5	0.77%	0.006%
郝光岭	总经理助理	5	0.77%	0.006%
高志峰	总经理助理	5	0.77%	0.006%
王涛	董事会秘书	5	0.77%	0.006%
武爱东	总经理助理	5	0.77%	0.006%
中层管理人员、核心技术（业务）人员（389人）		550	84.62%	0.64%
预留		60	9.23%	0.07%
合计		650	100%	0.75%

　　山西汾酒此次限制性股票激励的实行，还对完善企业法人治理结构做出了贡献，并且健全中长期的激励约束机制，也充分调动了中高层管理人员和核心技术人员的工作积极性和创造性，还能有效地将股东利益、企业利益和核心团队个人利益相结合，促进企业业绩稳步提升、保证发展计划顺利完成。

　　经过首次激励计划之后，山西汾酒预留了60万股，计划在首次激励计划实行后，制定新一轮激励标准，而激励对象必须与企业或子公司具有雇佣关系或者在企业、子公司担任一定职务。

第 **9** 章

市值提升技巧：
双管齐下
更有效果

　　企业做市值管理，就是想在稳定市值的基础上让市值有所提升。因此，对于创业者来说，掌握一些市值提升技巧是很有必要的，如理性投资、通过并购整合资源等。

9.1

技巧一：
学会理性
投资

目前的市值管理模式呈现百花齐放的态势，投资也是其中不容忽视的一环。投资更像是"在大市场内孵小鱼"，可以有多少回报在很大程度上取决于项目面临的市场是否足够大。当然，企业也从内部入手，做内生性投资，进一步增强自我造血能力。

9.1.1　内生性投资：增强自我造血能力

内生性投资主要应用于企业现有的资产和业务，而不是通过兼并或收购形式实现的收入和利润的增加，核心内容是内生性增长，即保障经济不依赖外力推动依然可以保持稳定增长。

从某种程度上来讲，投资者十分看中企业能否实现内生性增长，因为这通常代表其核心竞争力的提升，进入商业周期的高峰时，企业业绩和股价的成长会更为持久。内生性增长除了可以完全依赖于企业的自我造血机能创造增长，也可以利用一些并购的手段。

顾家家居企业曾经在2018年发布了收购子公司的公告：企业

预计以 2.52 亿元的资金收购子公司顾家寝具 25% 的股权,其中 1.01 亿元用于收购宁波沃居持有子公司 10% 的股权,1.01 亿元用于收购欧亚非持有的 10% 股权、0.5 亿元用于收购宁波乐宇持有的 5% 的股权。顾家寝具估价为 10.09 亿元,完成此次收购后,顾家家居企业将拥有寝具子公司 100% 的股份。

顾家家居收购子公司股权有两个主要原因。一是该企业品类事业部的规模将持续扩张到一定程度,约 10 亿元,顾家家居通过回购该子公司股权,最终实现对该企业的全资控股,兑现包括子公司负责人在内的少数股东权益。二是实现寝具品类未来发展战略的升级。顾家家居通过对子公司的全资控股,在未来有实现床和床垫品类发展的规划升级,实现与床品类的协同,奠定企业整体业务发展的良好战略基础。

通过对子公司的全资控股,顾家家居能发展多品类、多层次的产品矩阵,在大家居领域稳健扩张,通过情景销售、大数据营销等,截至 2018 年第二财季,顾家家居拥有近 4000 家门店,上半年新增约 400 家门店。

受益于行业集中度的提升,顾家家居的主营产品沙发销量较高,在此基础上顾家家居逐渐实行产品的品类拓展,外延持续推进,企业通过出资 1.98 亿元,间接入股居然之家,实现互联网新零售家居的布局。

内生性增长是推动企业发展的决定性因素,只有保证企业的内生增长,企业才会实现经济效益的长久发展。同时,企业在内生增长时,需要严守它的本质,从企业内部发力,不断优化自身保持持续的增长。

9.1.2 外延性投资：善用产融结合模式

真正的产融结合是以上市企业为平台，打造以金融控股平台为核心的多元化布局，通过对其他企业的控股或参股形成产融结合的股权结构，通过对股权的合理交易和安排，达到提高股权资产收益和做大市值的目的。把这种方式称为产融结合多股权投资的市值管理。

以复星为例，来看看它是如何通过产融结合进行市值管理。

通过研究学习众多对标企业，在顺应经济周期变化的大前提下，复星的产融模式从"产业运营"模式进化到"产业＋投资"模式，再进化到"产业＋保险＋投资"模式，复星努力学习世界级商业巨头的成功经验，来进化出一条自己的道路。

1.和记黄埔：学习分散投资理念

复星与和记黄埔在业务形态上相似，2004—2011年的复星与和记黄埔都是通过"实业＋投资"实现发展，两者均在不同程度上涉足零售、医药和地产领域。

复星的投资理念是在不同阶段的发展动力下，汲取了和记黄埔通过分散投资来分散风险的方式，来抵抗行业周期对企业利润的影响，形成了一个无关多元化集团。复星的房地产、商贸零售、钢铁矿业、医药四大板块关联度不强，属于无关多元化。

2011年之前复星拓展的项目主要集中于房地产、钢铁矿业等利润风险并存的领域；商贸零售现金流充沛，发展不会大起大落；医药行业研发投入大，具有持续高速增长的能力。

由于相关度低且回报周期不同的特点，复星旗下不同行业形成了一个很好的互补。

2. GE：学习"实业＋投资"模式

2007—2011年复星既像和记黄埔，又像GE。复星从GE身上主要学到了两点。

首先是产业和金融结合的方式；其次是选择并购或投资标的企业的原则。

复星和GE都是做实业起家，然后做金融和投资。GE建立金融服务版块主要为其产业部门提供必要的金融服务，因此GE的产业背景推动了GE金融板块的发展。

复星学习了GE这种结合自身产业优势进行投资与并购的做法，2011年之前的并购基本聚焦在医药行业和矿业。依托复星医药在医药领域的资源优势，进行医药行业的并购，基于建龙集团与南钢股份在钢铁领域的经验，进行矿业的投资和并购。

3.伯克希尔："实业＋保险＋投资"模式

复星在这一次的学习中同样学习了两点：一是通过保险找到"便宜的钱"；二是坚持价值投资，将资金投向"便宜的项目"，以产生最优的回报，来保障在扩张并购路上的现金流。

伯克希尔产融模式的核心是保险，拥有四大保险企业：GEICO、GeneralRe（通用再保险）、伯克希尔基础保险企业和伯克希尔再保险企业。财险和再保险已为伯克希尔连续贡献了13年的承保利润。

2007年，复星投资永安财险，开始涉足保险，复星占股20%。2011年，复星集团对于保险业务的思路逐步清晰，首次提出"构建以保险业务为核心的大型投资集团"，就此开始了在保险领域的快速布局，复星集团的保险版块进一步丰富，如下表所示。

复星集团2016年保险业务状况

公司名称	复星葡萄牙保险	永安财险（40.68%权益）	复星保德信人寿（50%权益）	鼎睿再保险	MIG	Ironshore（现已出售）
业务	非寿险为主	非寿险	寿险、意外险等	再保险	财险	特种险
主要地区	葡萄牙	国内	国内	全球	美国	美国
毛保费收入	37.31亿欧元	91.02亿元人民币	1.16亿元人民币	6.98亿美元	7.18亿美元	22亿美元
净利润	2.22亿欧元	6.43亿元人民币	−1.69亿元人民币	0.07亿美元	0.28亿美元	1.15亿美元
综合成本率	97.2%	98.5%	未披露	97.6%	102.8%	102.1%
可投资资产	137.84亿欧元	113.50亿元人民币	20.24亿元人民币	12.19亿美元	15.39亿美元	54.65亿美元
投资收益率	3.2%	7.2%	3.9%	1.5%	3.2%	3.2%

复星着力布局财险、意外险和再保险业务，获得了可观的承保利润和可投资资产，与伯克希尔保险业务如出一辙。

除了保险，伯克希尔还拥有被巴菲特称为"五大引擎"的5个实业企业，包括连锁的DairyQueen在内的零售和服务业务、销售汽车等。伯克希尔的投资分为财务投资、战略投资和收购控股三类，大力发展实业，投资美国基础设施和高端制造，相比于之前在股票市场实现资本增值，能实现更为直接和强大的价值创造，带来的利润如下图所示。

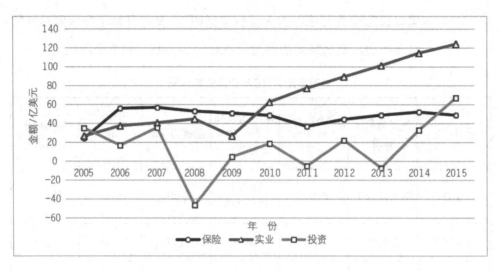

2005—2015年伯克希尔保险、实业和投资净利润

复星和伯克希尔的"实业+保险+投资"产融模式起点不一样，但殊途同归，都是以保险为核心的投资集团。

巴菲特起步于二级市场的股票投资，为寻找到"便宜"的钱，伯克希尔发展了保险业务，以拓展多元化投资和工业集团，并最终形成"实业+保险+投资"的产融模式。

起步于实业的复星学习伯克希尔打造"实业+保险+投资"的产融模式，提出构建"保险+投资"的双轮驱动的投资和并购模式，将保险当作"投资能力对接长期优质资本"的最佳途径。

无论是复星的产业资本借力金融资本，还是伯克希尔金融资本拥抱产业资本，都是通过产融结合创造更大的内在价值和市场价值。

通过复星的案例，可以看出，产融结合并不是一件简单的事，需要企业不断完善自身，立足于自己的实际情况。

9.2

技巧二：
通过并购
整合资源

美国著名经济学家乔治·斯蒂格勒曾经说："通过并购的方式成为行业巨头是现代企业成长的规律。"在提升市值方面，并购是一个非常重要的技巧，这个技巧不仅可以帮助企业实现规模扩张，提升市场占有率，还可以搞活企业的资本架构。

创业者要抵住并购的诱惑，理性分析企业是否应该并购。如果在恰当的时机并购，并购可以是推动企业发展的加速器；但如果时机不成熟，并购则会成为企业走向失败的催化剂。

9.2.1 思考：并购有什么作用

并购是企业进行产业结构调整、调节资源配置、提升竞争力的重要方法，也是拓展证券市场、提升企业价值的主要渠道。从19世纪美国通用电气、福特汽车等企业的发展，到20世纪思科的飞速成长，再到21世纪初美国花旗旅行者集团等巨型企业的诞生，都和并购有着密切的关系。几乎任何一个大型企业都是通过程度或方式不同的并购成长起来的。

上市企业并购的作用主要体现在两个方面：一是并购可以减

少上市企业的成本，降低交易费用，通过并购，企业可以在节约成本的基础上实现快速扩张和飞跃；二是并购可以降低市场准入门槛，增加了市场进入的渠道。

并购在提升上市企业价值、优化市场结构等方面发挥着重要作用：一是通过进行产业结构调整实现市场结构调整；二是完善市场的资源配置，提高市场效率；三是可以建立市场优胜劣汰机制，提高上市企业质量，优化上市企业结构；四是可以完善上市企业管理结构，保护投资者利益。

并购已经成为上市企业发展的主要战略路径，上市带来的资本量级提高和流动性带来的良性估值，使上市企业拥有更强的支付能力，其资本力量可以在行业中实现市场占有率的提升，打通产业链，提高产业链延伸过程中的竞争力，并通过并购实现净利润的快速增长。

在2016年年报中，华自科技企业披露了自己的发展战略：华自科技将在未来三年依托自动化、信息化系统研发及应用的经验，在保持行业持续优势的同时，要加大力度向电力、轨道交通、军工、环保等行业进行相关产品系统的横向推广，通过投资、并购等方式，将协同性较强的产品和服务资产进行纵向整合，实现企业为各个行业的客户提供的智能控制、智慧决策的整体解决方案能力的完善，进一步提升华自科技的竞争力。

2017年上半年，华自科技的并购战略就已取得实质性进展。5月31日，华自科技发布了重组报告书（草案）的公告：预计以9.4亿元收购精实机电和格兰特100%的股权，并已获证监会发审委审核通过。

精实机电专注于锂电池的自动化检测、生产线研发、生产和销售，具备锂电池自动化检测系统、设备等方面的行业领先优势。而格兰特的经营核心是膜技术和污水深度处理技术，专注于水净化、污水处理及污水再生，掌握着膜工艺与产品、污水的深度处理等方面的关键技术。

2016年精实机电的营业收入为1.23亿元，净利润为2088.17万元；格兰特的营业收入为2.23亿元，净利润为1996.93万元。如果不考虑配套资金的募集带来的影响，本次交易完成后，华自科技重组完成前的每股收益为0.24元，重组后收益提高了62.5%。

精实机电和格兰特对2017—2019年扣非净利润（从净利润中扣除非经常性损益得到的利润）作出了承诺，分别为5740万元、7643.33万元和10366.67万元，本次重组提升了华自科技企业盈利水平和每股的收益水平。

华自科技通过此次并购精实机电和格兰特，实现了强强联合与优势互补，进一步提升了企业在自动化及水处理领域的综合能力与竞争优势，为华自科技带来更大的发展空间。

通过华自科技的发展可以看到并购对于企业的重要含义。

（1）重组和并购都能为企业创造价值。

（2）在企业的生命周期里，会不断出现不同的最佳管理者，每一个管理者都会采取不同的行动来改变业务组合，为企业创造价值。

（3）业务组合的发展呈现变化趋势，因此要与时俱进。当企业市值发展到一定规模，靠自己的内部增长显然跟不上发展节奏，尤其是登陆资本市场后，股权变成一种支付手段，这个时候可以通过并购整合做大核心业务，不断提升市值。

上市企业的并购可以提升其市值，同时在上市企业并购过程中，也需要和市值管理进行多方面的良性互动。

1.市值与并购工作的系统筹划

在市值管理推动上市企业市值增长的过程中，并购工作需有计划的推进，虽然并购只是一个时点上的工作，但是前期的方向选择、目标的筛选、尽职调查等工作耗时较长，在这个过程中，市值管理方面应提前做好市场周期调研、盈余管理计划等工作。一些上市企业没有把这两项工作统筹规划好，并购与市值工作在不同部门，造成并购过程中市值管理没有起到有效的支持作用，而在市值管理的进程中，并购也无法为市值带来推动力。

2.并购方向应符合企业投资方向

并购与投资都应该围绕企业的战略目标而展开，完善的投资轨迹可以帮助二级市场对上市企业的投资进行价值判断和预期管理，并购应对市场价值判断预期起到验证作用，强化市场对投资路径和投资价值的认同。

3.做好信息披露与价值推广工作

二级市场的价值判断和预期受市场波动的影响较大，在并购工作过程中，价值推广的深度和广度决定了市场如何判断上市企业的并购行为。上市企业应做好信息披露工作，引导投资者预期，管理价值判断，使得并购工作在服务于企业市值管理工作的前提下进行推进。有些上市企业在信息披露中不诚恳，信息传递保守，甚至只披露好消息隐瞒坏消息，使得二级市场投资对企业的经营产生疑惑，不了解上市企业并购的意义。最终导致投资者对企业的并购行为难以产生认同感，上市企业花钱并购，市值反而降低了。

并购与市值，两者是相互影响、循环互动的。上市企业完成优质资产的并购后，市值会得到进一步的提升；而市值提升后，又给并购提供了新的条件。两者在循环互动中，不断推动上市企业产业竞争力的提高。

9.2.2 并购与市值管理的协同效应

在并购的整个过程中，市值管理都会起到十分重要的作用，甚至是其中的关键环节。市值管理的作用主要体现在三个方面。

1.有效降低并购成本

上市企业实现市值增长后，一方面，可以增发股份实现换股收购，缓解并购的现金压力；另一方面，由于市值提高，可用更少的股份实现对价的支付，降低并购成本。

2.有助于解决并购后的激励问题

上市企业并购背后通常牵涉很多的业绩对赌条款，而并购后，企业的市值高低与被并购方的利益密切相关，二者的资源可以很好地融合在一起，从而有更强大的实力处理激励问题。

3.有效利用资本杠杆进行调控

在并购过程中，若通过现金支付存在财务压力，可以通过增发股票实现资金募集，或借助并购基金等资本手段完成并购。

企业并购的类型有很多，依据不同的分类标准可以划分为不同的类型，根据双方行业相关性，分为横向并购、纵向并购和混合并购。

　　青岛啤酒的并购过程是典型的横向并购。上市之后，青岛啤酒集团凭借政策实施、品牌打造、技术研发、科学管理等方面的优势，主打品牌战略，坚持走"高起点发展，低成本扩张"道路，在啤酒业掀起并购浪潮，并购时间线如下图所示。

青岛啤酒并购时间线

　　1994年收购国营啤酒企业，但在收购后，青岛啤酒陷入亏损。

　　1996年的青岛啤酒只有品牌没有规模，产量为35万吨，市场占有率仅有2%，青岛啤酒在这个时候的定位是中高端商品。但当时的消费市场90%为低端产品。

　　1998年青岛啤酒制定"低成本扩张"的并购策略，尝试用低成本在短时间内提高市场占有率，通过规模效应把企业做大。

　　1999年是青啤的并购高峰期。一直到2000年，青岛啤酒在重点消费区域并购了45家啤酒生产企业，产量扩大到185万吨，市场占有率提升至10.7%。

　　2000年开始，青岛啤酒收购区域大中型以及合资企业，A股增发7.59亿元，产能达380万吨。青岛啤酒连续拿下北京的五星、三环，陕西的汉斯、渭南、汉中等6个企业后，2000年7月又收购了廊坊啤酒厂，8月初收购上海嘉士伯，8月18日成立北京双合盛五星啤酒股份有限公司。

　　2003年后，青岛啤酒放慢并购节奏，调整组织架构，进行品牌整合。在完成了大规模兼并后，青啤集团实行了三大板块的深度整合，最终成为啤酒业的巨头。

青岛啤酒的例子就是告诉大家，横向并购是收购竞争对手，与竞争对手合并。

资本市场的投资者认为，横向并购能带来正向的经营协同效应和正向的财务协同效应，能迅速扩大生产经营规模，实现低成本扩张，节约费用，在更大的范围内进行专业化分工，采用先进技术，形成集约化经营，最终提升企业在行业中的地位，加强未来盈利能力，提高企业市值。

而纵向并购是指企业产业链中，具有纵向合作关系的上下游企业间的并购行为。资本市场的投资者也将纵向并购解读为利好消息，认为纵向并购也能够实现正向的经营协同效应、管理协同效应和转型升级的协同效应。

正向的经营协同效应是指通过产业链整合降低生产成本和交易成本；正向的管理协同效应是指改变管理的有效性、促进技术转移，达到提升品牌商誉等无形资产的价值；正向的转型升级协同效应是指通过收购调整产业结构，实现主营业务从价值链的末端向前端转移。

例如，紫光集团在电子信息产业链内实行的并购，富士康电子产品产业链的并购都是较为典型的纵向并购。

混合并购主要指不同行业企业间的并购行为，资本市场中经常出现的跨界并购也属于混合并购的范畴。

有些混合并购的目的是实现企业的战略发展。比如泛海控股收购了在纽交所上市的美国大型综合金融保险集团Genworth Financial,Inc.全部已发行股份，收购了民安保险51%股权，华富国际控股有限公司51%股权，建设成为"以金融领域为主导、以产业领域为基础、以互联网领域为平台的产融一体化的国际化企业集团"。

第 **10** 章

整体形象优化：
长久维护市值
的秘籍

一个良好的整体形象对企业的未来发展
至关重要，它能渗透到企业的方方面面，为
企业带来不可估量的影响。在市值管理越来
越受关注的时代，形象的价值进一步凸显，
这就需要创业者与投资者搞好关系，同时掌
握一些公关技巧，以便更妥善、迅速地解决
危机事件。

10.1

与投资者搞好关系很重要

有些创业者认为，只要拿到资金，就可以不再搭理投资者，这种想法是不正确的。即使资金已经到账，创业者也要与投资者建立良好的关系。当双方的关系足够牢固后，就可以一起进行市值管理，携手将企业做大做强。这样也可以避免创投纠纷影响企业的形象。

10.1.1　将投资者关系管理提升到战略层面

投资者关系的战略意义并不仅仅是使企业在个别资本运作中获得竞争优势，其真正的战略意义在于为企业培育可持续的竞争优势，而这正是企业战略的核心。不是只有上市企业或拟上市企业需要做好投资者关系管理工作，它实际上贯穿于企业发展的各个阶段。

在企业的管理领域中，企业战略的制定应以设立远景目标为前提，对企业的发展进行总体性、指导性的指导。加强投资者关系管理也是上市企业的重要任务，应被纳入企业战略管理的范围之内。投资者关系管理战略作为企业的基础规划，要如何制定？

1.随企业总体战略的调整而调整

投资者关系战略是企业整体战略的一部分，因此必须要保证这两方面的协调一致性。要明确企业做什么，企业在行业中的地位、优势，企业未来发展方向等战略性问题。只有先明确了这些问题，企业设立的投资者关系战略才能与企业的整体战略相适应，并取得实际效果。

2.研究市场

市场的变化会对企业的股价产生巨大影响，因此，企业要充分了解市场的变化，比如宏观调控政策、市场需求等，以及市场变化对企业经营的影响，将这些信息主动传达给投资者，并向投资者说明企业的应对措施，以此向投资者做出保证，帮助投资者树立信心，创造宽松的企业发展环境。

3.对企业的产业、经营和财务状况进行分析

针对性地将分析得出的结果介绍给投资者，帮助投资者认识企业的发展前景。除此之外，对这三方面进行分析还能分析过往的业绩，有助于企业确定目标，同时还能帮助企业制定更加切合实际与需要的投资者关系战略。

企业明确了现状，才能找到更加贴合需要的战略方向。具体有以下几个办法能帮助企业分析投资者关系管理的现状。

（1）分别调查中小投资者和机构投资者。

（2）调查财经记者，搜集媒体报道，确定媒体对企业的关注程度和深度，并进行比较。

（3）分析企业成交量、股价走势、投资者持股比例变化。

（4）统计分析分析师对企业的研究和调研次数。

企业在制定投资者关系战略时，需要遵循实事求是的原则，不要过分追求热点，以免让投资者误认为企业华而不实，产生反感情绪。

另外，任何投资者关系的建立都不能一蹴而就，想要提升投资者关系，还需要企业坚持与投资者在多领域进行沟通，建立畅通的沟通渠道和沟通氛围。

10.1.2　如何做好投资者关系管理

投资者关系含义较为广泛，既包括了上市企业和拟上市企业与股东，债权人和潜在投资者之间的关系，也包括在与投资者沟通过程中，上市企业与资本市场各类中介机构之间的关系。投资者关系管理工作包括以下几个重点。

（1）以企业经营发展战略为目的完善、改进投资者关系管理体系，把信息准确、及时地传递给投资者。

（2）拓宽和投资者的沟通渠道，把握资本市场要求，有助于企业发展的投资者文化。

（3）把握股权和债权投资者对企业的不同偏好，对于不同类型投资者进行有针对性的沟通，在资本市场中锁定目标投资者，打造一个与企业业务发展目标、价值观一致的目标投资者群，形成股票、市场评价和企业业务发展之间的良性互动。

（4）建立高效的投资者关系团队，使投资者关系人能较为容易地接近企业决策层，这样投资者关系负责人能够迅速理解经营者的理念和意图，并将这些及时传递给投资者，同时把投资者的意见反馈给企业。

投资者关系管理会加强与市场相关主体的交流，在此基础上实现融资成本最低和收益最大化目标，为价值增长创造良好的市场氛围。投资者关系管理模式主要有以下三个方向。

（1）在企业内部设立投资者关系管理部门。该模式可以实现与业务的良好对接，能有效地针对企业面临的问题对症下药，实现投资关系管理的目标。

（2）将投资者关系管理事项外包。该模式可以弥补企业在投资者关系管理领域的不足，节约时间和成本。

（3）上述两种模式结合。混合模式可以发挥自我管理与外部管理的优势，达成投资者关系管理的目标。

例如，Air Sensors就通过投资者关系管理活动，重新树立了企业形象，取得了显著成效。Air Sensors是燃料系统供应商，但是品牌并不被重视。

1993年，Air Sensors发起了股票融资，目的是偿还贷款，但是大部分投资者都不看好该企业，认为其经营领域较为单一，因此并不重视Air Sensors的融资计划。

为了改变这种局面，Air Sensors聘请了专业的公关企业重新树立企业形象，从"汽车制造商"转变为"环保卫士"，提升投资者对企业的兴趣。

公关企业对该企业进行了相关背景调查，发现了华尔街对Air Sensors的误解，然后与该企业的高层管理人员进行详谈，将外界的误解与高管人员对企业的理解进行对比，在此基础上，这家公关企业为Air Sensors制订了投资者关系管理计划，受众为企业的原股东和有意向的机构投资者，目的是重新打造企业形象，吸引公众注意，实现股票发售。

具体通过以下步骤实施操作。

（1）公关企业先与Air Sensors高管层进行详谈，对企业现状进行深入了解。

（2）面向2500个投资界的重要投资者发放增发招股书。

（3）公关企业在十几个城市内安排演讲和见面会。

（4）主动联络国内财经媒体。

（5）每隔3～5周向重要的分析师、相关经纪人和基金经理发送宣传文章和企业公告。

（6）制作符合Air Sensors形象的年报，背景为蓝天白云，向投资者传达环保理念。

通过公关企业的实践，投资者关系管理工作得到了进一步完善，Air Sensors也因此获得了巨大收益。

（1）股票价格从每股4.5美元，一年后上涨为12.75美元，第二年又上涨到14美元，认股权证价格自每股0.5美元上涨至3.5美元，交易量也上涨至670万份。

（2）又增添了10家机构持有Air Sensors股票。

（3）不同研究机构出具了Air Sensors的研究报告。

（4）市盈率高于行业平均水平63倍，市值也从1800万美元上涨到5100万美元，上涨趋势维持了一年时间。

（5）该企业的股票增发成功，顺利还清了贷款，企业盈利也明显回升。

尽管随着证券市场的壮大，IR（投资者关系）以及IRM（投资者关系管理）的理念不断得到深化，中国的一些企业已经开展过一部分属于IR范畴的工作，如在报刊和网站上公布企业的年报、中报，公布股民咨询电话并委派专人回答股民提问，不定时展开路演、网上直播新股发行吸引股民投资，但目前IR以及IRM在中国还处于发展阶段。

未来随着证券市场的不断发展和规范，投资者投资理念的逐渐转变，中国的上市企业也将不断完善投资者关系管理，提高与投资者和中介机构之间的沟通效率。

10.1.3 处理投资者关系管理中的常见问题

目前上市企业投资者管理遇到的问题，有以下两点。

（1）对投资者关系管理的重视程度不同。以投服中心发函的行权工作为例，有的上市企业基本上不回复，而有的上市企业能够积极磋商或者及时改正。

（2）没有建设专业队伍。很多上市企业的投资者关系相关工作没有相应的部门承担，主要以定期向社会公布财务报表的方式和投资者互动，但实际上投资者关系还应该包含对法律、财务和行业知识的分析等内容。

在执行投资者关系战略之前，要先明确目前存在的问题，再有针对性地执行。

1.建立有效的投资者关系管理制度

为解决企业专职的投资者关系管理人员相对较少的问题，首先要在制度上明确投资者关系管理的职责，落实到人；其次要设置投资者管理岗位，并逐步充实投资者管理专业人员；此外还要推出投资者关系联系人制度，将投资者关系管理的职能延伸到分支机构。

2.保证投资者关系管理的专业性

投资者关系管理工作内容涉及环节过多、影响广泛、专业性较强。董秘办可以增加对相关人员的专业培训、组织人员参加行业内重要会议、掌握企业当前的经营情况和宏观政策安排等，提高相关人员的专业能力。

3.不断创新、拓宽与投资者沟通的渠道和方式

上市企业在网上设立投资者管理工作专区，能够有效提升投资者对投资者关系工作的满意度，或利用企业微信、微博、APP等互联网工具与投资者互动。

4.培育良好的投资者关系管理文化

在信息公开规范、充分的基础上，企业管理人员通过与投资者和分析师对企业战略规划、企业治理方式、经营业绩标准等进行双向及时沟通，提升企业品牌形象，定期向管理层反馈资本市场的行业信息，提升企业监管的透明度。

10.2

用公关技巧
解决危机
事件

有些企业已经经营多年，也有了一定的知名度和影响力，但只要出现危机事件，并在网上迅速传播，这些企业就会受到很大影响。因此，创业者要掌握一些公关技巧，这样可以在出现危机事件时及时采取措施，将企业面临的损失降到最低。

10.2.1　思考：什么是危机公关

危机公关指企业在面临各种突发事件时，针对企业形象危机和整体运转问题运用公关手段采取的沟通和修复活动。危机公关作为公共关系管理的重要组成部分，越来越受到上市企业的重视和关注，危机公关管理的作用也愈来愈重要。

调研结果显示，上市企业的突发致命危机主要有两个：一是企业家自身出现问题，如因涉嫌犯罪而被采取刑事强制措施；二是资金链断裂，诸如产品质量、员工关系、环境污染责任、安全生产事故、重大诉讼等危机。

2018年8月的某一天，某媒记者撰写了一篇有关北京一家上市企业的负面文章，将于几天后的周六在该报刊登。该企业董事会秘书知道此信息后，紧急汇报给董事长，并立即核查相关企业和人员，在了解事件的真实性后，发现该报道严重失实。

第二天，董事会秘书赶到该报社约见了总编辑，向总编辑阐述事件的真实性，并提供原始依据供该报记者核实，指出报道严重失实的地方，对记者提出的问题进行说明和解释，最终消除了该报以及该记者的误解，失实报道被报社主动撤除，企业上市前突发的形象危机事件被巧妙化解了。

由此可见，危机公关对于企业形象的维护非常重要，如果该企业对报道置之不理，那么这样的负面文章很有可能对企业的声誉、认知带来不良影响。

从目前的情况来看，资本市场存在这样的问题：很多上市企业对商品市场的品牌意识有所增强，但对于资本市场的品牌建设工作则做得很不够。这个问题在大小非解禁的应对管理方面体现非常明显。根据数据统计，仅有不到半数的上市企业就大小非解禁问题与投资者进行过直接沟通，大部分上市企业由于缺少公关意识，导致自身市值受到很大冲击。

其实IR（投资者关系）需要考虑的危机公关有很多，诸如买空方攻击企业、财务丑闻或者缺纳缴税之类的问题，虽然对企业的经营没有太大影响，但因为直接关系到企业盈利情况的真实性，资本市场会出现波动，需要IR负责人下功夫进行沟通。

资本市场同时又是信用市场，投资者的信心受损后很难恢复，危机的辩证关系并不适用于资本市场，所以更需要格外小心。投资者非常精明，在他们面前弄虚作假或对问题熟视无睹，最终企业的市值将会受到严重损失。

10.2.2 做好危机公关的4个技巧

从投资的角度来看，投资关系涉及政府、投资者、消费者三方面。很多企业的危机公关主要是针对股东和分析师等，但没有考虑到政府和消费者之间的联系，丧失了传播信息的有效渠道。如果危机公关没有考虑到政府和消费者，相关利益方对企业信息不甚了解，也会给后续的市值管理埋下隐患。

那么，上市企业具体应该如何进行危机公关？

1.建立应急处理机制

上市企业应建立健全应急处理机制，及时化解危机，减少企业损失。这也是内部控制制度的重要内容。

2.注重政府关系

上市企业应与政府有关部门、工商联以及银行等建立良好的沟通机制，危机发生后，应及时与其沟通情况，取得理解和支持。

必要时企业可根据《破产法》的有关规定，向人民法院申请和解或破产重整，以避免企业财产遭到查封或先予执行，导致企业无法进行正常的经营活动。

3.注重投资者关系

对于投资者来说，他们非常重视行业的状态、企业战略、技术实力、产品结构、市场竞争策略、财务分析等信息。因此，企业在这个方面做不到信息透明，就会埋下危机隐患。

投资者比普通消费者更为专业，这就要求企业负责危机公关的投资者关系团队也必须具备相应的知识。

例如，五粮液的董事会秘书在危机公关的过程中，面对投资者疑问，董事会秘书以自身不是财务出身，对相关财务问题不了解为托词，没有很好地解决投资者的质疑，这种做法并不可取。相形之下，中国中铁证券事务办公室就为危机公关做好了充足准备。

中国中铁证券事务办公室的结构设置更为专业合理，本身具有丰富的证券经验和法律经验，最核心的人员也是财务出身，在中国中铁下属企业有过多年财务总监经验。由此可见，证券事务办公室人员专业性的重要性。

4.注重消费者

从股东的角度来说，消费者也有可能成为上市企业的股东，政府与投资者也承担着消费者的角色。例如，可口可乐通过对消费者的重视，成功渡过了危机。

1999年6月初，比利时儿童在饮用可口可乐后出现中毒症状。一周后，比利时政府严令禁止本国销售可口可乐企业生产的各类饮料。

6月17日，可口可乐企业首席执行官在中毒事件发生后立即从美国赶到比利时首都举行记者招待会。会场为每一位记者都提供了一瓶可口可乐，但大部分记者都没有饮用这瓶可口可乐。这次的记者招待会是可口可乐危机公关工作的开始。

6月18日，可口可乐的首席执行官在比利时的各大报纸上刊登致消费者的公开道歉信，在信中分析了事故的原因，做出安全承诺，并提出向比利时每户家庭赠送一瓶可口可乐，表示对此次事件的歉意。

随后可口可乐企业宣布收回比利时同期上市的所有可乐，尽快宣布产品的调查化验结果及影响范围，及时向消费者兑现退赔保证，同时报销所有中毒顾客的医疗费用。

可口可乐企业开设了专门网页，回答比利时消费者对于产品提出的各种问题。如中毒事件的影响范围、如何获得退赔等。

除比利时外的其他可口可乐地区的负责人宣布其产品与中毒事件无关，市场销售正常，控制了危机扩大蔓延。

随着危机公关的深入和扩展，可口可乐的形象逐渐恢复。中毒事件平息后，可口可乐再次出现在比利时的商店中。

通过可口可乐的案例可以看出，企业在应对危机公关室，除了要做好应该做的外，还要有及时的反应速度，尽早处理。

第11章

财务评价与预估：
谨慎查看
市值数据

对于任何企业来说，财务工作的地位都是不可动摇的，也正因为如此，财务评价与预估才会如此受重视。在进行财务评价与预估的过程中，创业者将获取一些重要的市值数据，这些市值数据可以使创业者更好地了解公司的市值情况，从而更顺利地完成市值管理。

11.1

必备工具：信息丰富的财务报表

财务报表是市值数据的重要载体，也是了解财务现状及经营成果的最好途径之一，其通常包含了资产负债表、利润表、现金流量表等。创业者能否看懂财务报表、能否从财务报表中找到自己需要的信息，与市值管理的效果息息相关。因此，创业者要重视财务报表。

11.1.1 思考：财务报表的主要内容是什么

一套完整的财务报表包括企业的资产负债表、利润表、现金流量表、企业所有者权益变动表（或股东权益变动表）和财务报表附注，其中较为重要的是企业的资产负债表、利润表以及现金流量表。

企业的资产负债表主要包括企业的资产情况，反映企业在特定时间内的资产情况、负债情况和所有者权益三方面的内容，编制要遵循"资产=负债+所有者权益"这一公式进行计算。其中资产包括企业所拥有或掌握、其他企业所欠的资源或财产。负债是指企业应当支付的全部债务总和。所有者权益是净资产，可由此看出企业资产的结构构成。

资产负债表是财务报表的基础，一个企业的资产负债情况也是企业基本情况的体现。现金流量表和利润表都是在资产负债表数据的基础上进行分析。

在资产负债表中，资产应主要分为流动资产和非流动资产两部分，在这两部分资产下进一步按性质进行分类；应当按照流动负债和非流动负债分别列示，在流动负债和非流动负债类别下继续按性质分项列示；所有者权益一般按照实收资本、资本公积、盈余公积和未分配利润分项列示。

利润表反映企业在一定会计期间的经营成果。

（1）以营业收入为基础，除去营业成本、营业税金及附加费用，以及销售、管理、财务费用的损失，加上公允价值变动收益（除去公允价值变动损失）和投资收益（除去投资损失），得到实际的营业利润。

（2）在营业利润的基础上，加上营业之外的收入，减去营业之外的支出，得利润总额。

（3）以利润总额为基础，减去所得税费用，计算出净利润（或亏损）。

对于那些普通股或潜在普通股已经进行公开交易的企业和正处于公开发行普通股或潜在普通股发行进程中的企业，还应在利润表中列示出每股具体的收益信息。

利润报表里面有几个数据非常重要。

（1）净利润。这个数据代表上市企业的全部盈利能力和结果。

（2）净资产收益率。它是财务报表非常重要的一个数据，在其他数据没有大问题的情况下，仅凭净资产收益率就可以对上市企业内在价值做出基本判断。在计算净资产收益率时应除去报告期内非经常性收入的利润，以便更加准确地反映上市企业的盈利能力和发展前景。

（3）营业收入增长率。成熟的行业盈利和成长性相对比较稳定，所以能够从利润收入作为判断企业价值。

现金流量表表现出企业在特定时间内现金和现金等价物的流入、流出情况。现金流量表以报告式的结构呈现，通过分类反映企业运营中产生的现金流、投资活动产生的现金流以及筹资活动产生的现金流，最后将这些现金流汇总到一起，反映企业特定时间内现金及现金等价物的净增加额。

现金流量充足意味着企业财务状况健康，在短期内不会出现大的经营风险。现金流量大表明企业的资金回笼快，产品有竞争力。

投资者和管理者看待财务报表的侧重点有所不同，好的财务报表可以为企业吸引大量投资者的注意，招募到更多优秀的员工，融资也相对容易。因此良好的财务报表对于企业的内在价值和市值的提升都能起到促进作用。只有明确财务报表的重要内容，才能够建立完善的财务模型。

11.1.2　财务报表的4个作用

财务报表是对企业财务状况和经营成果以及现金流量的走向进行结构性表述，企业在进行市值管理时，应对财务报表里的三个指标密切关注：收入与收入结构、每股收益（EPS）以及收入和利润的构成。这些数据和企业的股票趋势是涨是跌、历史数据的幅度与斜率等可能密切相关。财务报表的重要作用，具体有以下几个方面。

（1）财务报表可以从不同方面展示企业特定时期的财务状况、经营成果和现金流量情况，有利于经营管理人员对任务指标进行了解，同时对管理人员的经营业绩进行评价，及时发现问题，调整经营方向，完善经营管理水平，为经济预测和决策提供依据。

（2）有利于有关经济管理部门了解企业经济的运行状况。相关部门通过对各企业提供的财务报表资料进行分析，能准确掌握各行业、各地区的经济发展情况，以便调控宏观经济运行，优化不同行业的资源配置，保证经济稳定持续发展。

（3）有利于投资者、债权人和其他利益相关者掌握企业的财务状况、经营成果和现金流量情况，进而分析企业的盈利能力、偿还能力、投资收益、发展状况等，为投资者和债权人的投资、贷款和贸易提供决策依据。

（4）有利于满足财政部门、税务部门、工商部门、审计部门等对企业进行监督管理。这些部门也可通过财务报表对企业是否遵守国家的各项法律、法规和制度，有无偷税漏税的行为进行检查。

除了以上四点，市值管理注重财务报表技能避免空城计所带来的风险，也能制定报表策略。企业可以突出财务报表的重要内容，配合市值的要求做报表，实现财务报表对市值的正向促进作用。

11.1.3　从财务报表中挖掘历史数据

通过企业的历史数据，可以进行各种分析，分析企业过去、现在的经营结果以及财务状况。数据中包含一个重要假设，那就是过去作用于企业的因素仍将作用于未来。

通过历史数据进行分析的方法有以下几点。

（1）比较分析：分析财务信息之间的数量关系和数量差异，展现未来发展趋势。这种比较包括实际与计划相比、本期与上期相比、与同行业的其他企业相比。

（2）趋势分析：揭示企业的财务状况和经营成果的变化及其原因、性质，预测企业未来。所用的数据既可以是绝对值，也可是比率或百分比数据。

（3）因素分析：借助于差异分析的方法分析相关因素对财务指标的影响情况。

（4）比率分析：在设计或选择财务比率时，应该遵循以下两个原则。

① 财务比率的分子和分母为同一企业、同一期间的财务报表，但可不是同一张报表。

② 财务比率的分子与分母间应有逻辑联系，比如因果关系等，以此保证所计算的财务比率能说明问题，便于对情况进行分析，即比率具有财务意义。

例如，京东的财务报表显示了营收增长情况，京东2013年营收额为693.4亿元，增长率为67.6%；2014年营收额1150亿元人民币，增长率为66%；2015年营收额1813亿元，增长率为58%；2016年营收额2602亿元人民币，增长率44%；2017年营收额3623亿元人民币，增长率40.3%。由此可见，虽然京东的年营收额逐年增长，但增长率也逐年下降。

京东集团财报部分内容如以下两图所示。

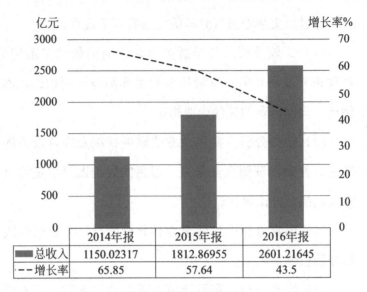

	2014年报	2015年报	2016年报
总收入	1150.02317	1812.86955	2601.21645
增长率	65.85	57.64	43.5

京东集团总收入及增长率

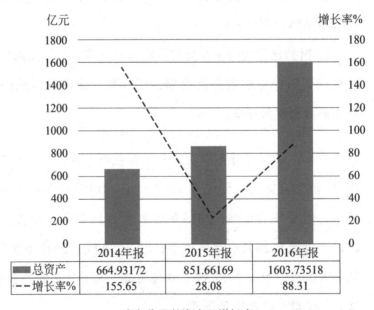

	2014年报	2015年报	2016年报
总资产	664.93172	851.66169	1603.73518
增长率%	155.65	28.08	88.31

京东集团总资产及增长率

再如，阿里巴巴2014财年全年的营收额为79.52亿美元，增长率为43.2%；2015财年全年营收额为90.4亿美元，增长率为45.2%；2016财年全年营收额为122.93亿美元，增长率为45.14%；2017财年全年营收额为156.86亿美元，增长率为32.7%。

阿里巴巴的财年的范围是指前年的第二、三、四季度和本年的第一季度。例如2018财年范围是2017年4月1日～2018年3月31日。

阿里巴巴2017财年净利润为578亿元人民币，同比之下，京东2016年的净利润为10亿元人民币。京东2017年第四季度的营收额为1102亿元人民币，增长率为38.7%；与之相比，阿里巴巴2018财年第三季度的营收额为830.28亿元，同比增长56%。

从以上数据分析中可以看到，阿里巴巴营收额的增长速度超过京东近20%，这对于京东的投资者来说不是好消息，对京东的股票也会产生负面影响。

那么历史数据如何表明方向，具体内容体现在以下几个方面。

1.梳理企业战略规划

历史数据是对于过去已经制定的战略规划的检验，是绩效的具体的考核指标。同时是明确未来发展趋势，以确定未来3～5年的战略目标规划的基础。

2.为经营决策提供重要参考

历史财务数据的分析，可以建立相关的目标动态分析模型。企业根据往年数据对现有产能进行客观评估，以确定相关指标的发展趋势，将历史数据代入模型来进行公开、量化的分析研讨，以减少企业经营目标制订中人为因素的影响。

3.制定及分解经营目标

通过整合预测，确定总体计划存在的差距，对企业能力、可整合的资源进行评估，继而制定企业的经营目标。

企业在确立经营目标后，可对目标进行分解，反复核查经营目标的工作流程、评价指标体系的制定及考核激励办法，鼓励全体员工尽快完成目标。

11.2

财务评价与预估的两大关键点

财务评价与预估有两大关键点：打造绩效管理评价体系、引入盈利预测模型，本节就对这两大关键点进行详细介绍。

11.2.1 打造绩效管理评价体系

基于上面的财务数据，可以建立合理的市值管理绩效评价体系。证券市场是个新兴市场，企业的内在价值常常不能准确地被反映出来，容易产生低估或高估的现象。如果忽略了这些现象，上市企业对于自身市值管理的评价就会有所偏颇。

上市企业构建绩效管理评价体系，主要从以下三个方面入手。

1.上市企业经济价值评价指标体系

从盈利能力、偿债能力、营运能力、成长能力、股本扩张能力、现金创造能力和股东财富创造能力等方面选取了八个指标（见下表）。

当前经济价值评价指标体系

分类	指标名称
反映盈利能力的指标	净资产收益率
反映偿债能力的指标	资产负债比率
	速动比率
反映营运能力的指标	总资产周转率
反映成长能力的指标	主营业务收入增长率
反映股本扩张能力的指标	每股净资产
反映现金创造能力的指标	每股净经营现金流
反映股东财富创造能力的指标	经济增加值

其中，盈利能力是企业在市场竞争中优胜劣汰的生存基础，净资产收益率反映的是企业实际净投入的经济效率，衡量企业盈利率是否优于社会平均盈利率，因而是反映企业盈利能力的重要指标；偿债能力是评价企业财务状况的重要方面，资产负债比率和速动比率是其中最常用的指标，分别代表长期偿债能力和短期偿债能力；营运能力是衡量企业经营状况的关键因素，总资产周转率是营运能力指标的代表；成长能力是企业持续经营的前提条件，主营业务收入增长率反映企业主营业务的创利水平，是反映

企业成长与发展能力的重要指标；股本扩张能力衡量企业原始资本投入是否产生增值，每股净资产是其中的重要指标；现金创造能力是衡量企业财务业绩的重要方面，每股净经营现金流是代表性指标；股东财富创造能力衡量为股东创造的价值，经济增加值指标是代表性指标。

2.价值创造指标体系

经济增加值（Economic Value Added，EVA）是税后净经营利润减去资本费用后的余额。这里的资本费用等于企业的资本投入乘以资本加权平均成本。EVA与其他业绩评价指标之间的首要区别是，EVA是"经济利润"，当某种商业行为获取"租金"（投资的一种特殊形式的回报）时，其收入必须超过所有的经营费用和所有的资本成本，否则就不会为投资者创造财富。

与传统会计指标相比，企业在通过EVA分析财富增长问题时，可以获得更丰富的信息。因此，很多企业都将EVA看作是寻找交易和创造价值的最佳方法。

EVA考虑了全部资本成本，可以更准确地分析企业所创造的价值，但EVA只以为股东创造财富为目标，忽略了为员工、供应商、客户等其他利益相关者创造财富。从这个角度来看，EVA只能作为衡量价值指标体系的一部分，而且它只有与其他指标配合使用，才能更准确地衡量企业创造的价值。

企业为利益相关者创造的价值与盈利能力、营运能力、股本扩张能力、成长能力等指标息息相关，这些指标在一定程度上决定了企业的核心竞争能力。因此，在分析企业创造的价值时，除了要考虑EVA这个指标以外，也应该考虑可以反映核心竞争能力的这些指标。这些指标与EVA共同建立了价值创造评价体系，可以很好地对企业创造的价值进行评价。

市值管理的核心是为股东创造最大价值，因此企业价值创造分析就成为市值管理的重要组成部分，同时也是企业进行可持续经营的基础。大多数企业主要是通过对经营活动进行战略规划，再将其与具体的经营活动相结合，从而使自己创造更多价值。

此外，企业创造价值的多少，也与企业对财务活动、组织管理活动、营销活动、生产活动等一系列价值驱动因素的掌控程度有关。企业通过市值管理对这些价值驱动因素进行测度、控制，从而让股东获得更多价值。当股东获得更多价值时，企业的价值创造能力就能有所提升。

价值创造能力反映企业当前的信息，主要通过价值创造量、价值创造效率、盈利能力三大因素来衡量。衡量价值创造量的指标是前面提到的EVA，它在考虑了权益资本成本的基础上，充分反映了企业的经济利润；价值创造效率通过资本效率来衡量，可以反映单位资本的价值创造效率；盈利能力通过主营业务收益率、净资产收益率、每股收益来衡量，前两个指标反映资本的获利能力，最后一个指标反映每股可分配到的净利润。

价值创造成长性指标反映一家企业未来价值创造的能力。与价值创造能力相对应，通过EVA增长率、EVA率增长率、主营业务收益率增长率、净资产收益率增长率、每股收益增长率5个增长率来度量价值创造的成长性。同时，经济增加值并购模型也把企业市值分为两部分：当前营运价值和未来增长价值，其中当前营运价值体现了当前盈利能力产生的价值，未来增长价值是度量企业期望增长价值的贴现值。

（1）经济增加值（EVA）的含义为投资资本所得的收益与投资资本的机会成本之差，计算公式为：

$$经济增加值=（投资资本回报率-加权资本成本）\times 投资资本$$

$$=税后净营业利润-加权资本成本\times 投资资本$$

（2）资本效率的计算公式为：

$$资本效率=经济增加值/投资资本=经济增加值/投资资本$$

$$=投资资本回报率-加权资本成本$$

$$投资资本回报率=税后净营业利润/投资资本$$

较高的资本效率是资产投资高质量和资产结构的合理性的表现，有利于指导上市企业优化资产结构和选择投资方向。资本效率是企业价值增加的推动力，也是资本回报最大化的体现。在流通愈加频繁的市场条件下，该指标会越来越重要。

（3）净资产收益率（ROE）是反映股东投资利润率的指标，是净利润与权益资本总额的比值。其代表了股票持有者的投资回报率，体现了股东的收益所得。其计算公式为：

$$净资产收益率=净利润/权益资本总额$$

（4）主营业务利润率（ROM）是企业主营业务盈利能力的反映。主营业务突出且具有较高主营业务利润率的企业，更容易实现可持续发展，能够给投资者带来信心。反之，主营业务不明朗或主营业务率低下，表明企业的经营存在较大的隐患。其计算公式为：

$$主营业务利润率=主营业务利润/主营业务收入$$

（5）每股净收益（EPS）是影响股价的指标，表明每持一股所能被分配到的净利润。其与市盈率的乘积就是股票的价格，与每股净资产的比值就是净资产收益率。行业相同、条件相当的企业被假设认为具有相近的市盈率，对于这些企业，每股收益与股价成正比。其计算公式为：

每股净收益＝期末净利润/期末总股本

3.价值实现指标体系

价值实现指标体系主要是针对非充分有效的资本市场提出的。在一个有效的资本市场中，企业的价值能得到充分体现，而且企业的内在价值和市场价值基本是一致的。但因为很多企业，尤其是上市企业的市场价值常常不能准确地反映其内在价值，所以在股权分置改革后，对于企业而言，市值管理的重要内容之一就是使自己的市场价值可以充分反映内在价值。

企业通过各种措施增强市场价值和内在价值的匹配度，使市值管理水平得到进一步提升，从而实现自身价值的最大化。需要注意的是，企业的价值实现情况也受到市值规模、市值效率、市值成长性的影响。市值规模反映了企业的当前价值和未来价值，可以体现企业的价值创造结果；市值效率反映了单位资本的价值创造能力；市场增加值、市值平均增长率等指标则可以衡量企业的成长性。下面介绍几个企业在分析价值实现情况时需要用到的重要指标。

（1）市场增加值（MVA）：市值与累计资本投入之间的差额，反映了企业累计为投资者创造的财富。市场增加值是市场对企业未来获得EVA能力的反映，即市场增加值等于未来经济增加值的折现值。计算公式为：

市场增加值＝市值－期末资本总额（期末总资产）＝股票市值－股东权益

（2）市场增加值率（MVAR）：企业市场增加值与累计资本投入之比，表明了单位资本创造了多少财富，反映了资本的投资效率。计算公式为：

$$市场增加值率=市场增加值/期末资本总额$$

（3）市场增加值平均增长率（MVAG）：企业前三年市场增加值增长率的平均数值，反映了资产增长的平均速度，可以帮助企业估计未来增长率。计算公式为：

$$市场增加值平均增长率=0.5×市场增加值增长率_t+0.3×$$

$$市场增加值增长率_{t-1}+0.2×市场增加值增长率_{t-2}$$

补充说明：①t表示年份，不同年份的市场增加值增长率不同；②上市不足三年的企业可能会出现某些年份没有数据的情况，此时为了和其他企业做比较，这些企业可以用自己所属行业的市场增加值平均增长率来弥补空缺数据。当然，无法计算MVA数据的新上市企业也可采用此方法。

（4）托宾Q：企业的市场价值与企业的资本重置成本之比。如果Q值高，意味着企业的市场价值高于资本重置成本，企业可以开设新工厂或购买新设备。如果Q值低，则企业的市场价值低于资本重置成本，企业通常不会添置新物件。计算公式为：

$$托宾Q=企业市值/企业资本重置成本$$

（5）市值平均增长率（MVG）：企业前三年市值增长率的平均值，其反映了市值增长的平均速度，可以帮助企业估计未来增长率。计算公式为：

$$市值平均增长率=0.5×市值增长率_t+0.3×市值增长率_{t-1}+$$

$$0.2×市值增长率_{t-2}$$

通过对以上三个体系的建立，上市企业可构建合理的绩效管理评价体系，以此可实现对企业财务的管理。

11.2.2 引入盈利预测模型

盈利预测模型是指对企业经营活动和资本结构的假设，通过各种会计关系转化为财务报表，对企业未来的盈利情况进行预测。基于盈利预测模型，企业可以对未来的现金流量（FCF）进行计算，并利用各种模型进行企业估值，最终实现战略落地。

掌握盈利预测模型，首先要掌握它包含的内容，有以下三个部分。

（1）假设：包括经营活动假设、营运资金假设、资本性投资假设、资本结构假设等。

（2）预测的财务报表：包括利润表、资产负债表以及现金流量表等。

（3）预测的结构：包括现金流量（FCF）等。

其次要掌握建立盈利预测模型的步骤，如下图所示。

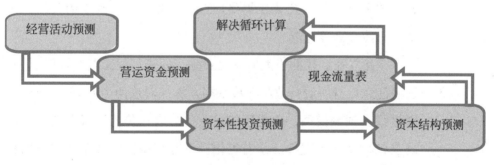

盈利预测模型建立的步骤

（1）经营活动预测是对销售收入增长率的预测，企业需要利用各种利润比率，如营业费用、销售收入等来更好地完成这项工作。

（2）营运资金预测是预测运营项目的资金周转率、周转天数，这项工作需要结合销售收入预测来完成。另外，企业应该将相关数据录入利润表和资产负债表。

（3）资本性投资预测是对企业未来的资本性投资进行预测，具体包括固定资产投资、土地使用权投资等。企业需要根据固定资产、无形资产的折旧、摊销政策，来计算各期间的折旧、摊销费用，并确定固定资产与无形资产原值以及累计折旧、摊销净值。需要注意的是，企业应该将相关数据分别录入利润表和资产负债表。

（4）资本结构预测需要确定企业的目标资本结构，然后对债务的主要项目以及股本增减进行预测，最终将相关数据录入资产负债表。

（5）企业要根据已有的利润表以及资产负债表，来完成现金流量表的预测。

（6）最后一步是解决循环计算。企业需要梳理现金流量表中期末现金与资产负债表中现金的关系，以及现金与利息费用的关系，来对债务的额外增减情况和利息费用进行预测，并完成财务报表的编制工作。企业还需要通过资产与负债、权益的关系，对资产负债表进行检查。

在建立盈利预测模型时，企业除了要遵循以上几个步骤以外，还要注意自身所属行业和发展战略，深入对这两个方面进行分析。通过盈利预测模型，企业还能对业务的内在价值进行评估，从而确立各种交易的定价，或为优化投资方案和发展战略提供正确意见和建议。

第 12 章

企业 IPO 之路：强势登陆资本市场

首次公开募股（Initial Public Offering，IPO）是上市的标志，也是企业的一个全新开始。企业可以通过IPO获得更多资金，但同时也要面临更大的风险，例如，一旦经营不善，就会有退市的可能。因此，如果企业打算走IPO之路，就要提前做好准备，包括掌握IPO方式、了解关于IPO的3个核心问题等，从而更好地规避风险。

盘点常见的IPO方式

IPO主要有三种方式，一是境内上市，即在上海、深圳、北京等证券交易所上市；二是境外直接上市，即在中国香港、美国直接上市；三是借壳上市，即通过收购海外上市企业或在海外设立离岸公司的方式在境外证券交易所间接上市。本节将对这三种方式进行详细介绍。

12.1.1　境内上市

境内上市是指在上海证券交易所、深圳证券交易所、北京证券交易所实现挂牌交易。从目前来看，境内上市是主要的上市方式。境内上市企业的市盈率大多为30～40倍，发行市盈率在较长时间内高于市场交易的同行业股票市盈率。

境内上市最关键的优势就是能让上市企业发行同样的股份，获得更多融资。以下将从三方面介绍境内上市的具体内容。

1.证券交易所：上海、深圳、北京

境内上市三大证券交易所，分别是上海证券交易所（简称上

交所）、深圳证券交易所（简称深交所）、北京证券交易所（简称北交所）。

上交所成立于1990年，注册人民币1000万元；深交所于1991年7月正式营业；北交所于2021年9月3日注册成立，是经国务院批准成立的中国第一家公司制证券交易所，其成立进一步完善了多层次市场结构。

在三大证券交易所中，上交所和深交所是非营利性的事业单位，业务范围包括五项：对上市证券进行组织管理，为证券交易提供适当场所，办理上市证券的清算与交割事宜，提供上市证券市场范围内信息，受理中国人民银行允许受理或委托的其他业务等。北交所主要面向创新型中小企业，业务涵盖发行上市、融资并购、企业监管、投资者合法性审核等方面，形成了一个独具特色的业务体系，深受广大企业欢迎。

在北交所出现之前，大多数上市资源都是在上交所和深交所之间进行分配。一般来说，上交所上市一家企业，深交所也要上市一家企业；上交所挂牌交易几家基金，深交所同样也要挂牌交易同样数量的基金。但随着北交所的发展，其逐渐拥有了不同于上交所和深交所的市场定位与核心竞争力，这意味着公司在上市时有了更多选择，上市进程也更加顺利。

2.交易币种：A股和B股

A股的全称为"人民币普通股"，是指企业发行的供境内机构、个人以及境内居住的港澳台居民以人民币认购和交易的普通股股票。简单来说，用人民币进行买卖的股票市场统称为A股市场。

B股是相对A股而言的，指人民币特种股票，又称"境内上市外资股"。它由境内企业发行，以人民币标明面值，以其他币种，如美元、港币等认购和买卖。B股主要供港澳台以及外国的自然人、法人和其他组织，定居在国外的中国公民等投资者买卖。

未来随着更多市场的引进，会对A股市场造成一定的影响，另外，三大证券交易所，尤其是上交所和深交所之间的资源争夺战有利于提升各交易所的竞争意识，促使市场进一步完善，从而增强A股的国际影响力，为未来A股走向国际舞台奠定了坚实的基础。

12.1.2 境外直接上市

境外直接上市是指企业在境外证券部门申请股票的发行、登记和注册，通过发行股票或其他衍生金融工具，向境外证券交易所申请挂牌上市交易，即通常所说的中国香港上市、美国上市等。

1.中国香港上市

通常情况下，企业到中国香港上市，从申请到发行需要7个月左右。2015年6月29日，联想控股在香港证交所上市，股票代号为"03396"。联想控股面向全球发行3.52944亿H股，股票发行价为42.98港元，通过香港上市联想控股融资151.7亿港元。

在A股大热之时，联想控股为什么选择在香港上市？因为现在投资者跟中国香港沟通频繁，人民币和港币也相通，在深港通和沪港通等有利条件的促使下，也能够吸引更多投资者在香港进行投资。

企业在香港上市有三种方式，包括发行H股上市、发行红筹股上市以及借壳上市。

2.美国上市

由于很多企业在国内无法上市，或在国内上市后融资达不到预期，因此，很多企业选择赴美上市。除此之外，还有一些企业需要扩大海外业务与市场，通过赴美上市，能提升企业在海外的形象。从市场角度分析，企业选择赴美上市，还因为美股的流动性整体较好、上市审批时间不长、上市标准宽松等。

北京时间2014年9月19日晚，阿里巴巴在美国敲响市钟，成功在美上市。阿里巴巴开盘价为92.7美元，上市首日的收盘价最终为93.89美元，发行价上涨了25.89美元，涨幅达38.07%。按阿里巴巴每股68美元的发行价计算，阿里巴巴集团的市值为1708亿美元，上市融资额达到250亿美元。阿里巴巴在美成功上市后也促进了国内其他企业赴美上市。

那么，企业去美国上市需要满足哪些条件？以纽交所与纳斯达克为例。

纽交所要求企业的净资产为4000万美元，市值达到1亿美元以上，最近两年每年的收入不少于2500万美元，公众流通股数最少250万股。

纳斯达克分为主板与小板。其中主板要求企业净资产不少于600万美元，税前收入达到100万美元，公众流通股数最少有110万，市值不少于800万美元，申请时股票价格最低为5美元，有400人以上的持有100股以上的公众持股人。

纳斯达克小板要求企业资产达到500万美元（相当于人民币3450万元），市值达到3000万美元（相当于人民币2.07亿元），最低净收入75万美元（相当于人民币517.5万元），公众流通股数最少有100万股，市值不少于500万美元，申请时股票价格最低为4美元（相当于人民币27.6元），有不少于300人的公众股东持股

100股以上的，经营年限1年或者市值5000万美元。

境外直接上市一般采用IPO方式进行，程序较为复杂，需要聘请境内外的中介机构，成本相对较高，同时需要经过境内外监管机构的审批，花费时间较长。

但正是因为需要经过这些严格的程序，申请企业一旦获准在境外上市，能更容易获得投资者的信任，企业可获得更好的声誉，股票发行的范围也更广。从企业的长远发展来看，境外直接上市是企业境外上市的主要方式。

12.1.3　借壳上市

借壳上市也称间接上市又称作反向收购，是指非上市企业通过收购债权、控股权、直接出资、购买股票等收购方式收购一家上市企业，从而获得这家上市企业的所有权、经营权以及上市地位。目前企业一般通过二级市场并购，或通过国家股、法人股的协议转让实现自身资产与业务的间接上市。

借壳上市有两个步骤。首先要进行股权转让，也就是借壳。非上市企业要先寻找经营出现困境的上市企业，然后购买该企业一部分股权，从而控制企业的决策权。

非上市企业有两种购买上市企业的股权的方式：一是购买该上市企业未上市流通的国有股或法人股，这需要原持有人同意与政府部门的批准；二是直接在股票市场中购买该上市企业的股票，但这种方法成本较高。

借壳上市的第二步是进行资产置换，也就是换壳。这一步需要卖出壳企业原有的不良资产，并将优质资产注入壳企业，从根本上改变壳企业的业绩。

与 IPO 直接上市相比，借壳上市能帮助非上市企业在很短的时间内以相对较低的成本上市，能避免直接上市的高费用与不确定性。

上市没有那么简单，而且不是所有的企业都有机会上市，因此，借壳上市成为很多企业上市的一个重要选项。企业在借壳上市时，要注意找一个"干净"的适合企业的壳。由于有些上市企业机制转换不彻底，经营管理不善，业绩表现不尽如人意，失去在证券市场中进一步筹集资金的能力，要充分利用上市企业的"壳"资源，就必须对其进行资产重组。

大多数"壳"企业都有很多负债，资产却很少。所以利用"壳"资源之前一定要仔细调查和考虑，最好借助专业人士帮助寻找壳企业。

理想的"壳"资源应具有以下几个特点：股本规模较小，股价较低；股东人数适中；负债低；业务与拟上市业务相近；不涉及任何法律诉讼。

青鸟天桥的借壳上市方式是先收购，再受让股权。

北京天桥（600657）成功以1264万元对北京北大青鸟的子公司北京北大青鸟商用信息系统有限公司98%的股权进行了收购，并以5323万元的价格收购了青鸟商业自动化系统V2.0软件技术和青鸟区域清算及电子联行业务系统两项无形资产。

随后北京北大青鸟又与北京天桥的原大股东，某国有资产经营企业以及某住宅开发建设集团签署了法人股转让协议书，共受让11269870股企业法人股，占总股本的12.31%。

在此之前，北大青鸟已受让了京融商贸企业、深圳市莱英达集团股份有限公司和深圳市莱英达开发有限公司持有的共计4080000股企业法人股，占企业总股本的4.45%。此次转让后，北大青鸟和北京天桥合体，组成青鸟天桥，北大青鸟共持有企业

15349870股，占企业总股本的16.76%，成为青鸟天桥第一大股东。

青鸟天桥的这种收购，是借壳上市策略的首选。企业在选择具体的上市方法时，要立足于自己的实际情况，具体问题具体分析，不要盲目跟风。

12.2

关于IPO的3个核心问题

IPO是一个比较漫长的过程，创业者如果因为没有掌握一些核心问题，导致IPO失败，那对市值的影响会非常大。综合来看，在进行IPO时，创业者要掌握3个核心问题，包括企业上市需要满足什么标准、选择哪种发行监管制度更合适、哪些中介机构是必不可少的。

12.2.1 企业上市需要满足什么标准

要了解IPO的相关知识，我们首先应该知道上市标准，即首次公开发行股票的主要条件。以北交所为例，根据《公司法》《证券法》《首次公开发行股票并上市管理办法》《上海证券交易所股票上市规则》等法律法规，企业首次公开发行股票并上市的主要条件如下。

（1）主体资格：合法存续的股份有限公司；自股份有限公司成立后，持续经营时间在3年以上，但经国务院批准的除外；最近3年内主营业务和董事、高级管理人员没有发生重大变化，实际控制人没有发生变更。

（2）独立性：具有完整的业务体系和直接面向市场独立经营的能力；资产完整、人员独立、财务独立、机构独立、业务独立；业务独立，发行人的业务独立于控股股东、实际控制人及其控制的其他企业，与控股股东、实际控制人及其控制的其他企业间不得有同业竞争或者显失公平的关联交易。

（3）规范运行：依法建立健全股东大会、董事会、监事会、独立董事、董事会秘书制度；内部控制制度健全且被有效执行；公司章程明确对外担保的审批权限和审议程序，不存在为控股股东、实际控制人及其控制的其他企业进行违规担保的情形；有严格的资金管理制度，不得有资金被控股股东、实际控制人及其控制的其他企业以借款、代偿债务、代垫款项或者其他方式占用的情形。

（4）财务与会计：最近3个会计年度净利润均为正数且净利润累计＞3000万元；最近3个会计年度经营活动产生的现金流量净额累计＞5000万元或最近3个会计年度营业收入累计＞3亿元；发行前股本≥3000万元；最近一期末无形资产占净资产的比例≤20%；最近一期末不存在未弥补亏损；最近3年无重大违规行为，财务会计报告无虚假记载。

（5）募集资金运用：募集资金应当有明确使用方向，原则上应当用于主营业务；募集资金数额和投资项目应当与发行人现有生产经营规模、财务状况、技术水平和管理能力等相适应；募集资金投资项目应当符合国家产业政策、投资管理、环境保护、土地管理以及其他法律、法规和规章的规定。

（6）股本及公开发行比例：发行后股本总额≥5000万元，公开发行比例须≥25%；发行后股本总额＞4亿元，公开发行比例须≥10%。

此外，企业在股票首次上市前还应该向证券交易所申请并签署《证券上市协议》。还以上交所为例，企业在股票首次上市之前应该申请并签署《证券上市协议》，该协议的主要内容包括以下几点。

（1）股票简称、上市日期、上市数量等情况。

（2）双方的权利、义务和应遵守的法律法规及其他相关规定。

（3）关于企业及其董事、监事、高层管理人员应积极配合上海证券交易所监管的规定。

（4）上市费用和缴纳方式。

（5）股票暂停、终止上市及之后在代办股份转让系统继续交易等事项。

（6）其他有关内容。

还有就是如果外商投资企业想顺利上市，应该先进行股份制改革。根据《关于设立外商投资股份有限公司若干问题的暂行规定》《关于上市企业涉及外商投资有关问题的若干意见》等的规定，外商投资企业改制为股份有限公司应注意以下事项。

（1）外商投资企业设立需满足如下要求。

① 以发起方式设立外商投资股份有限公司，必须有五个发起人，注册资本最低限额为人民币3000万元，其中外国股东购买并持有的股份不低于企业注册资本的25%。在股份企业设立批准证

书签发之日起90日内，发起人应一次缴足其认购的股份。

② 已设立的中外合资经营企业、中外合作经营企业、外资企业等外商投资企业，如果有最近连续3年的盈利记录，可申请变更为外商投资股份有限公司。

③ 已设立的国有企业、集体所有制企业，如果营业时间超过5年、有最近连续3年的盈利记录，也可申请转变为外商投资股份有限公司。

④ 已设立的股份有限公司，可通过增资扩股、转股、发行境内上市外资股或境外上市外资股等方式，变更为外商投资股份有限公司。无论采用何种方式，设立外商投资股份有限公司需要满足以下几个条件：设立后注册资本不低于人民币3000万元；外国股东持有的股份不低于25%；经营范围符合外商投资企业产业政策。

（2）外商投资股份有限公司公开发行上市，除需符合《公司法》的要求外，还需满足如下要求。

① 应符合外商投资产业政策，企业经营范围符合《指导外商投资方向暂行规定》与《外商投资产业指导目录》的要求。

② 申请上市前三年均已通过外商投资企业联合年检。

③ 上市发行股票后，外资股占总股本的比例不低于10%。

④ 按规定需由中方控股（包括相对控股）或对中方持股比例有特殊规定的外商投资股份有限公司，上市后应按有关规定的要求继续保持中方控股地位或持股比例。

⑤ 符合发行上市股票有关法规要求的其他条件。

上市标准是针对即将上市企业而言，应满足法律规定的哪些条件。不同的上市地有不同的管理和政策制度，对即将上市企业的财务制度和股权制度也有不同的标准。

根据《证券法》《股票发行与交易管理暂行条例》和《首次公

开发行股票并上市管理办法》的相关规定，以A股上市的主体条件、财务与内控条件为例，看看具体的上市标准是什么，有什么不同，如下表所示。

A股板块上市条件对比

条件	主板	创业板
主体资格	依法设立且合法存续的股份有限公司	依法设立且持续经营三年以上的股份有限公司
经营年限	持续经营3年以上，经国务院批准的除外	持续经营3年以上
出资	发行人的注册资本已足额缴纳，发起人或者股东用作出资的资产的财产权转移手续已办理完毕，发行人的主要资产不存在重大权属纠纷	发行人的注册资本已足额缴纳，发起人或者股东用作出资的资产的财产权转移手续已办理完毕，发行人的主要资产不存在重大权属纠纷
股权	股权清晰，控股股东和受控股股东、实际控制人支配的股东持有的发行人股份不存在重大权属纠纷	股权清晰，控股股东和受控股股东、实际控制人支配的股东持有的发行人股份不存在重大权属纠纷
持续经营要求	最近3年内主营业务和董事、高级管理人员没有发生重大变化，实际控制人没有发生变更	最近2年内主营业务和董事、高级管理人员均没有发生重大变化，实际控制人没有发生变更
主营业务	最近3年主营业务没有发生重大变化	最近2年主营业务没有发生重大变化
股本要求	发行前股本总额不少于人民币3000万元（上市条件要求发行后股本总额不少于5000万元）	发行后股本总额不少于3000万元
财务状况	发行人资产质量良好，资产负债结构合理，盈利能力较强，现金流量正常	公司最近三年无重大违法行为，财务会计报告无虚假记载，资产负债结构合理，现金流量正常
盈利能力	1.近3个会计年度净利润均为正数且累计超过人民币3000万元，净利润以扣除非经常性损益前后较低者为计算依据 2.最近3个会计年度经营活动产生的现金流量净额累计超过人民币5000万元；或者最近3个会计年度营业收入累计超过人民币3亿元	最近两年连续盈利，最近两年净利润累计不少于1000万元；最近一年盈利，最近一年营业收入不少于5000万元。净利润以扣除非经常性损益前后孰低者为计算依据

条件	主板	创业板
资产要求	1.最近一期末无形资产（扣除土地使用权、水面养殖权和采矿权等后）占净资产的比例不高于20% 2.最近一期末不存在未弥补亏损	最近一期末净资产不少于两千万元，且不存在未弥补亏损
持续盈利能力	发行人不得有下列影响持续盈利能力的情形： 1.发行人的经营模式、产品或服务的品种结构已经或者将发生重大变化，并对发行人的持续盈利能力构成重大不利影响 2.发行人的行业地位或发行人所处行业的经营环境已经或者将发生重大变化，并对发行人的持续盈利能力构成重大不利影响 3.发行人最近1个会计年度的营业收入或净利润对关联方或者存在重大不确定性的客户存在重大依赖 4.发行人最近1个会计年度的净利润主要来自合并财务报表范围以外的投资收益 5.发行人在用的商标、专利、专有技术以及特许经营权等重要资产或技术的取得或者使用存在重大不利变化的风险 6.其他可能对发行人持续盈利能力构成重大不利影响的情形	保荐人及其保荐代表人应当对发行人是否具备持续盈利能力、是否符合法定发行条件作出专业判断 发行人应当在招股说明书中分析并完整披露对其持续盈利能力产生重大不利影响的所有因素，充分揭示相关风险，并披露保荐人对发行人是否具备持续盈利能力的核查结论意见

除了上表提到的主板和创业板，科创板也是A股的重要组成部分，其上市标准如下。

第一，申报科创板发行上市的发行人，应当属于下列行业领域的高新技术产业和战略性新兴产业。

（1）新一代信息技术领域，主要包括半导体和集成电路、电子信息、下一代信息网络、人工智能、大数据、云计算、软件、互联网、物联网和智能硬件等。

（2）高端装备领域，主要包括智能制造、航空航天、先进轨道交通、海洋工程装备及相关服务等。

（3）新材料领域，主要包括先进钢铁材料、先进有色金属材料、先进石化化工新材料、先进无机非金属材料、高性能复合材料、前沿新材料及相关服务等。

（4）新能源领域，主要包括先进核电、大型风电、光电光热、高效储能及相关服务等。

（5）节能环保领域，主要包括高效节能产品及设备、先进环保技术装备、先进环保产品、资源循环利用、新能源汽车整车、新能源汽车关键零部件、动力电池及相关服务等。

（6）生物医药领域，主要包括生物制品、高端化学药、高端医疗设备及相关服务等。

（7）符合科创板定位的其他领域。

第二，在支持和鼓励科创板定位规定的相关行业领域中，同时符合下列4项指标的企业可申报科创板上市。

（1）最近三年研发投入占营业收入比例5%以上，或最近三年研发投入金额累计在6000万元以上。

（2）研发人员占当年员工总数的比例不低于10%。

（3）形成主营业务收入的发明专利5项以上。

（4）最近三年营业收入复合增长率达到20%，或最近一年营业收入金额达到3亿元。

第三，在支持和鼓励科创板定位规定的相关行业领域中，虽未达到前述指标，但符合下列情形之一的企业可申报科创板上市。

（1）发行人拥有的核心技术经国家主管部门认定具有国际领先、引领作用或者对于国家战略具有重大意义。

（2）发行人作为主要参与单位或者发行人的核心技术人员作

为主要参与人员，获得国家科技进步奖、国家自然科学奖、国家技术发明奖，并将相关技术运用于公司主营业务。

（3）发行人独立或者牵头承担与主营业务和核心技术相关的国家重大科技专项项目。

（4）发行人依靠核心技术形成的主要产品（服务），属于国家鼓励、支持和推动的关键设备、关键产品、关键零部件、关键材料等，并实现了进口替代。

（5）形成核心技术和主营业务收入的发明专利（含国防专利）合计50项以上。

第四，限制金融科技、模式创新企业在科创板上市；禁止房地产和主要从事金融、投资类业务的企业在科创板上市。

为了以更高的效率顺利完成上市，企业在上市以前，要深入研究各种不同的上市标准，并根据自己的实际情况提前做好准备，否则很可能会影响上市进程。

12.2.2 选择哪种发行监管制度更合适

境内上市的企业的市盈率大多为30倍，发行市盈率长期高于其他市场交易的同行业股票市盈率。可以说，能让上市企业发行同样的股份融到更多的钱是境内上市的核心优势。下面具体看境内上市的制度变革。

股票公开发行后就可以获得上市资格。股票发行共有三种制度，分别是审批制、核准制和注册制，通道制、保荐制也同属于核准制。一个国家的市场发展阶段不同，所对应的股票发行制度也不一样。其中，审批制为计划发行的模式，注册制为成熟股票市场采用的模式，而核准制是从审批制向注册制过渡的中间形式。

审批制是股票市场发展初期采用的股票发行制度，主要使用行政和计划的方式分配股票发行的指标和额度，然后由地方或者行业主管部门推荐企业发行股票。审批制对于维护上市企业的稳定和平衡复杂的社会经济关系有重要意义。

在审批制下，企业发行股票的首要条件是取得指标和额度。只要获得了地方或者行业主管部门推荐的指标和额度，股票发行就没有什么问题了，按流程办理即可。所以说，审批制下股票发行指标和额度是竞争焦点。

注册制是股票市场相对成熟时采用的股票发行制度。在注册制下，证券监管部门首先将股票发行的必要条件公布出来。如果企业满足了所公布的条件，就可以申请发行股票。发行人申请发行股票时，需要依法将公开的各种资料完整准确地向证券监管机构申报。

证券监管机构承担证券市场的监管职责，对提交上市企业的申报文件的完整性、准确性和真实性进行全面审核。至于发行企业的质量，需要由证券中介机构来判断和决定。注册制对发行企业、证券中介机构和投资者的要求都比较高。

核准制是由审批制向注册制过渡的一种中间制度。核准制取消了审批制的指标和额度管理，让证券中介机构承担责任，证券中介依靠其专业知识对企业是否达到发行股票的条件进行判断；另一方面，证券监管机构还需要对发行企业的经营性质、财力情况、综合素质、发展前景、发行数量和价格等诸多因素进行审查核实，决定企业是否有权通过发行股票的申请。下面总结了审批制、核准制、注册制的区别。

审批制、核准制与注册制的区别

对比项目	审批制	核准制	注册制
指标和额度	有	无	无
上市标准	有	有	有
保荐人	政府或行业主管部门	中介机构	中介机构
对发行作出实质判断的主体	中国证监会	中介机构和中国证监会	中介机构
发行监管制度	中国证监会实质性审核	中介机构和中国证监会分担实质性审核职责	中国证监会形式审核，中介机构实质审核
市场化程度	行政体制	半市场化	完全市场化
发行效率	低	一般	高

在英国、法国以及中国、东南亚，股票发行制度采用的是核准制或者带有核准制特征，且监管机构的审批起决定性作用的发审制度。在美国等发达国家，股票发行制度采用的是注册制，企业只要符合股票发行上市的条件并依法充分披露信息，就能成功上市，监管机构仅仅发挥监督作用。

在20多年的发展过程中，股票市场的股票发行制度从审批制到核准制经历了不同阶段。从2001年开始，股票发行制度由审批制改为核准制。但随着股票市场的发展，核准制的弊端逐渐凸显，推进股票发行注册制改革迫在眉睫。推行注册制的好处非常多。

第一，注册制对市场自我约束机制的培育和形成有促进作用；第二，注册制有利于发挥市场配置资源的决定性作用；第三，注册制有利于提高资本市场服务实体经济的效率；第四，注册制有利于协调投融资功能平衡，促进资本市场长期稳定健康发展。

随着股票市场的完善成熟以及股票发行制度改革的进一步深化，注册制将取代核准制。注册制真正落实之后，股票市场将会迎来新的面貌。

12.2.3 哪些中介机构是必不可少的

中介机构是通过相关的法律专业知识和技术服务，向委托人提供公正性、代理性、信息技术服务性等中介服务的机构。

IPO上市共要聘请四家相关中介机构：证券企业、会计师事务所、律师事务所以及评估机构，各机构资格与职责各不相同，其中前三个更为重要。

证券企业是保荐机构以及主承销商，是企业上市过程中的总设计师，负责上市过程中的总协调工作。这类中介机构的身份在企业上市过程中会不断变化，例如在股份制企业设立阶段是"财务顾问"，在辅导阶段是"辅导机构"，在申报审核阶段作为"保荐机构"，在发行阶段则为股票发行的"主承销商"。通常情况下，在《证券发行上市保荐业务管理办法》中，前三个阶段的都被称为"保荐机构"。

会计师事务所的工作主要负责对企业的财务工作进行管理、承担会计核算和内控工作，为企业提供上市过程中的专业指导，协助申报材料制作，出具审计报告和验资报告等。据统计，2022年1～2月，有28家会计师事务所承担了IPO上市项目。其中，天健的"战绩"最亮眼，以6个上市项目拔得头筹，大华、立信、容诚则并列第二，如下表所示。

2022年1～2月会计师事务所承揽的IPO项目量

排名	会计师事务所	IPO项目量
1	天健会计师事务所	6
2	大华会计师事务所	5
2	立信会计师事务所	5
2	容诚会计师事务所	5

排名	会计师事务所	IPO项目量
5	致同会计师事务所	4
5	中汇会计师事务所	4
7	普华永道中天会计师事务所	3
8	华兴会计师事务所	2
8	天职国际会计师事务所	2
10	安永华明会计师事务所	1
10	毕马威华振会计师事务所	1
10	大信会计师事务所	1
10	公证天业会计师事务所	1
10	上会会计师事务所	1
10	中天运会计师事务所	1
10	中喜会计师事务所	1
10	众华会计师事务所	1
	合计	44

　　律师事务所主要负责解决预计上市企业在改制过程中遇到的相关法律问题，协助企业准备报批相关文件，出具法律意见书和律师工作报告，对申请文件提供指导意见等。2022年1～2月，有28家律师事务所为IPO项目提供法律服务。其中，北京国枫位列第一，IPO项目量为6个，北京德恒、北京市金杜、国浩律师（上海）、上海市锦天城并列第二，如下表所示。

2022年1～2月律师事务所承揽的IPO项目量

排名	律师事务所	IPO项目量
1	北京国枫律师事务所	6
2	北京德恒律师事务所	3
2	北京市金杜律师事务所	3
2	国浩律师（上海）事务所	3
2	上海市锦天城律师事务所	3

排名	律师师事务所	IPO项目量
6	安徽承义律师事务所	2
6	北京大成律师事务所	2
6	北京市中伦律师事务所	2
9	北京海润天睿律师事务所	1
9	北京市海问律师事务所	1
9	北京市嘉源律师事务所	1
9	北京市君合律师事务所	1
9	北京市君泽君律师事务所	1
9	北京市天元律师事务所	1
9	北京市炜衡律师事务所	1
9	北京市中伦文德律师事务所	1
9	北京卓纬律师事务所	1
9	广东华商律师事务所	1
9	广东信达律师事务所	1
9	国浩律师（广州）事务所	1
9	国浩律师（杭州）事务所	1
9	国浩律师（深圳）事务所	1
9	国浩律师（武汉）事务所	1
9	湖南启元律师事务所	1
9	上海市方达律师事务所	1
9	上海市金茂律师事务所	1
9	上海市通力律师事务所	1
9	浙江天册律师事务所	1
	合计	44

企业选择会计师事务所、律师事务所等中介机构是为了给自身上市提供基本保障，对企业来说，选对了中介机构，上市将会事半功倍，他们能及时解决企业IPO进程中的关键问题。

那么，企业如何才能选对中介机构？企业和中介机构是双向选择的关系，企业在选择时应注意以下几个方面。

（1）中介机构是否具有从事证券业务的资格。会计师事务所和资产评估师事务所从事股票发行上市业务时必须具有证券从业资格，证券企业须具有保荐承销业务资格。

（2）中介机构的执业能力、执业经验和执业质量。企业要对中介机构的执业能力进行深入了解、评估中介机构的执业经验和执业质量，选择具有较强执业能力、较为熟悉行业规范的中介机构，以保证中介机构的执业质量。此外，中介机构的声誉也能综合反映其整体实力，是中介机构内在质量的保证。

（3）中介机构团队之间的历史合作情况、沟通便利性和配合协调度。股票发行上市是发行人以及各中介机构"合力"的结果。

（4）费用。中介机构的费用也是企业在发行上市过程中需要考虑的关键问题，具体收费或收费标准应在双方协商后确定。

根据《股票发行工作若干规定的通知》（证监〔1996〕12号）、《股票发行审核标准备忘录——第1号》等有关规定，企业自改制到发行上市需要承担一定的费用，其费用项目及收费标准具体如下表所示。

企业改制发行费用

项目	费用名称	收费标准
改制设立	改制费用	参照行业标准由双方协商确定
上市辅导	辅导费用	参照行业标准由双方协商确定
发行	承销费用	承销金额1.5%～3%
	会计师费用	参照行业标准由双方协商确定
	律师费用	参照行业标准由双方协商确定
	评估费用	参照行业标准由双方协商确定
	审核费用	20万元
	上网发行费用	发行金额的0.35%

项目	费用名称	收费标准
上市及其他	上市初费	3万元
	股票登记费	流通部分为股本的0.3%，不可流通部分为股本的0.1%
	信息披露费	视实际情况而定
	印刷费	
	差旅费	

　　中介机构的费用贯穿了企业上市流程的始末，包括改制设立、上市辅导、发行及其他方面等，因此企业在选择中介机构时一定要格外慎重，这关系到企业IPO的进程以及成败。

市值管理

第13章

上市合规操作：全方位梳理上市流程

通过上市，企业可以在短时间内筹集到巨额资金，但必须知道的是，上市是有严格的要求和条件的，如果创业者因为不了解这些要求和条件而导致上市不合规，那就得不偿失了，也会对市值管理造成影响。因此，创业者应该掌握与上市相关的知识，如上市流程等。

前期工作：为上市做充分准备

上市的成本通常比较高，为了降低成本，创业者应该重视前期工作，尽量为上市做足准备。如果准备不到位，不仅会拉高成本，还会影响上市的正常进程。

13.1.1　成立工作小组，负责上市事宜

企业确定了上市目标之后，首先需要做到就是组建上市工作小组，上市工作非常复杂，涉及面广、工作量大、周期长，因此必须调配专门的人才，成立专门的工作小组来从事这项工作。

一般应成立上市委员会及上市工作小组。上市委员会一般由董事长任组长，由董事会秘书、主要高管成员、企业财务负责人等相关人员作为组员，也可以聘请上市顾问加入上市委员会。

上市过程中重大问题的决策由上市委员会负责，负责人指挥上市工作小组实施上市工作任务，顺利完成上市计划。因此企业的领导小组及主要高层管理人员，需要参加有关上市知识的培训。

另外，董事会秘书的任命对企业的整个上市过程也十分重要。董事会秘书不仅是企业上市的先行官，还要具体执行上市计划。

在企业上市前，董事会秘书在上市运作中应体现出专业的工作素质，接受董事会秘书的专业培训，掌握上市相关的法规政策，为企业拟订上市规划并上报企业决策层进行审议，通过后具体实施，积极配合中介机构工作，确保上市计划顺利实施。

如果企业暂时找不到合适的董事会秘书人选，董事会秘书一职也可以由财务总监兼任。企业也可以聘请专业的上市顾问或全职的专业人士来负责上市工作。

上市工作小组一般由总经办部门、人事部门、财务部门和其他有关部门选派3～5人组成，由上市委员会进行统一领导，上市工作小组对上市工作进行具体安排，主要包括配合上市顾问、证券商、上市律师、上市会计师、上市评估师等中介机构工作，按照要求准备详尽资料，促进各项工作顺利完成。

除此之外，企业的上市准备还包括尽职调查。

尽职调查一般在保荐人开展上市工作前进行，根据行业内公认的职业标准和职业道德，从法律、财务角度对与企业上市的相关事项进行现场调查和资料审核。

尽职调查的目的在于协助拟上市企业全面了解自身情况，及时发现问题，尽快弥补与上市要求之间的差距，还能协助中介机构进行项目风险评估，提升企业的风险防范能力和风险管理水平。尽职调查规定企业提供的信息必须真实、完整、有效。

尽职调查的内容包括企业成立的信息、企业的组织结构和人事情况等基本信息，企业业务和产品状况，企业经营现状以及可持续发展状况，企业的财务与资产状况，企业重要合同、知识产权、诉讼状况，企业纳税、环保、安全状况等。

完成尽职调查后，企业上市工作小组应当和保荐人、上市律师、上市注册会计师、上市评估师等对尽职调查进行合理分析，找到拟上市企业还需改进的问题并提出切实可行的方案，然后制定具体的上市工作方案。

13.1.2　各方商讨，共同制定上市方案

企业上市的战略方案对企业具有指导作用。企业股东会和董事会讨论要对重大事项的决议进行讨论、表决通过后再实施。所以上市方案也是各方商讨、合作后的结果，其内容应随着上市进程推进进行调整，在必要时也应做出重大方向上的调整。不管如何，合理可行的上市方案的制定是上市成功的关键。那么，上市方案的制定应包括哪些内容？

（1）上市方案应由保荐人以及企业上市工作小组、律师、注册会计师、评估师在进行上述尽职调查的基础上，集思广益，认真分析拟上市企业目前存在的问题，找出解决的思路与方法，进而制订企业的上市规划。

（2）上市方案的内容主要包括企业现状分析、企业改制和重组的目标、股权结构的调整、资产重组的原则和内容、重组中应当注意的问题、企业上市操作的相关事宜、工作程序和时间安排以及组织实施及职责划分等。

（3）上市领导小组应积极配合中介机构开展的审慎调查工作，全面了解企业情况，对上市方案进行设计。同时券商和其他中介机构要向发行人提交审慎调查提纲，由企业根据提纲规定提供相关文件资料。审慎调查的目的是投资者看到的招股资料全面、真实、有效，审慎调查也是制作申报材料的基础。

（4）为了保证企业满足上市条件，制定上市方案的过程中，企业应在保荐人和主承销商的协助下，对企业的业务、资产、债

务、股权、人员和管理等方面的重组进行统筹安排，保证重组工作稳步进行。

（5）上市方案还应确定上市的日程，具体工作包括转制重组、引入风险投资、正式上市三部分内容，一般上市需要2年左右的时间，所以要在方案中合理规划上市日程，把上市工作划分为不同的连续阶段，保证上市工作按时完成。

13.1.3　召集相关人，举办企业创立大会

企业注资、验资完成后，发起人需要在30天内主持召开企业创立大会。创立大会的组成人员是参与企业设立并认购股份的人。发起人需要在创立大会召开十五日前将会议日期通知各认股人或者予以公告。

《公司法》第90条规定：**"创立大会行使下列职权：审议发起人关于企业筹办情况的报告；通过企业章程；选举董事会成员；选举监事会成员；对企业的设立费用进行审核；对发起人用于抵作股款的财产的作价进行审核；发生不可抗力或者经营条件发生重大变化直接影响企业设立的，可以作出不设立企业的决议。创立大会对前款所列事项作出决议，必须经出席会议的认股人所持表决权过半数通过。"**

若出席创立大会的发起人、认股人代表的股份不足50%，创立大会将无法举行。

创立大会的结束意味着董事会和监事会成员的诞生。发起人需要组织召开股份有限公司的第一届董事会会议以及第一届监事会会议，并在会议上选举董事长、董事会秘书、监事会主席、企业总经理人选，明确高级管理人员职位。

在上市企业中，董事会是维持组织稳定和发展的核心动力。股东之间，股东与经营者、员工及企业其他利害相关者之间，在战略规划、理念认识到利益分配等不同方面都很难达成一致。董事会的主要职责就是化解成员之间的矛盾纠纷，保持稳定的合作关系，维护企业和成员的共同利益。

前文介绍过董事会的相关知识，这里就不再赘述。

在选举第一届监事会股东代表监事候选人时，主要股东是有提名的，这些可以提名的股东是上市企业筹委会成员，持有或合并持有上市企业发行在外普通股股份总数10%。

监事会的监事由股东代表和企业职工代表担任，企业还可以根据需要设立独立监事。其中，担任监事的企业员工代表人数通常占监事总人数的三分之一。监事会成员设立一名以上的专职监事。

专职监事应确保不在该上市企业、该上市企业的下属企业、该上市企业的股东单位或其他任何单位从事兼职监事工作。另外，监事会成员中应包括一名以上的具有审计、财会专业知识的人员。

同时，上市企业需聘请独立非执行董事。独立非执行董事不在企业担任董事外的其他职务，并与其受聘的上市企业主要股东不存在妨碍其独立客观判断的关系。独立非执行董事在企业治理结构中起着重要的作用，可以有效地监督企业运行管理、平衡控股股东与经理人权利、保护中小股东权益等。独立非执行董事能够站在较为公正的立场上，促使企业遵守良好的治理守则。独立非执行董事制度有利于完善企业治理结构；有利于推动企业的专业化运作，使得董事会的决策更具科学性。

根据《关于在上市企业建立独立董事制度的指导意见》（证监发〔2001〕102号）的要求：**"独立董事在对上市企业及全体股东负有诚信与勤勉义务。独立董事应当按照相关法律法规、指导意见和企业章程的要求，认真履行职责，维护企业整体利益，尤其**

要关注中小股东的合法权益不受损害。独立董事应当独立履行职责，不受上市企业主要股东、实际控制人，或者其他与上市企业存在利害关系的单位或个人的影响。"

根据《关于进一步规范股票首次发行上市有关工作的通知》（证监发行字〔2003〕116号）的规定："企业在申请首次公开发行股票并上市时，董事会成员中应当至少包括三分之一独立董事，且独立董事中至少包括一名会计专业人士（会计专业人士是指具有高级职称或注册会计师资格的人士）。"

13.1.4　提交资料，完成登记注册

《公司法》第92条规定："董事会应于创立大会结束后三十日内，向企业登记机关报送下列文件，申请设立登记：企业登记申请书；创立大会的会议记录；企业章程；验资证明；法定代表人、董事、监事的任职文件及其身份证明；发起人的法人资格证明或者自然人身份证明；企业住所证明。以募集方式设立股份有限公司公开发行股票的，还应当向企业登记机关报送国务院证券监督管理机构的核准文件。"

企业变更登记事项需要修改企业章程，则应及时提交由企业法定代表人签署的修改后的企业章程或者企业章程修正案。变更登记应依照法律规定进行，例如，国务院规定企业在进行变更登记前需要通过相关部门的批准，还需要向登记机关提交企业相关文件。

登记机关收到股份有限公司的设立登记申请文件后，开始对文件进行审核，并在30天内做出是否予以登记的决定。如果登记申请文件符合《公司法》的各项规定条件，企业登记机关将予以登记，并给企业下发营业执照；如果登记申请文件不符合《公司

法》相关规定，则不予登记。

股份有限公司的成立日期就是企业营业执照的签发日期。企业成立后，应当进行公告。拿到企业营业执照意味着企业改制顺利完成，随后企业进入上市之前的辅导期。

企业登记必须在国家规定的企业注册登记机关进行。依《企业登记管理条例》及相关法律文件的规定，企业登记机关是国家工商行政管理局和地方各级工商行政管理局。

因此，企业无论是进行设立、变更或注销登记，都需要在同一登记机关进行登记，并且当企业地址出现迁移或跨地区设立分支机构时，除了要在变更地址后的登记机关登记，还要在原登记机关进行登记变更。

13.2

中期工作：配合第三方做上市辅导

在上市过程中，配合第三方做上市辅导是一个必不可少的环节。创业者应该听从第三方的指导意见，对第三方发现的企业在经营与管理中存在的问题进行解决和整改，最终达到完善组织体系、加强管理、规范经营、顺利上市的目的。

13.2.1 上市辅导有哪些环节

《首次公开发行股票辅导工作办法》（证监发〔2001〕125号）规定：**"凡拟在我国境内首次公开发行股票的股份有限公司，在提出首次公开发行股票申请前，应聘请辅导机构进行辅导。辅导机构是具有保荐资格的证券经营机构以及其他经有关部门认定的机构。"**

即将上市的企业接受上市辅导很有必要，并且具有以下优势。

（1）建立良好的企业治理。

（2）提升企业独立运营和持续发展的能力。

（3）树立进入证券市场的诚信意识、法制意识。

（4）企业的董事、监事、高级管理层人员应全面掌握企业发行上市的法律法规、证券市场的运行规范以及信息披露的要求。

（5）具备进入证券市场的基本条件。

拟上市企业在辅导期中面临的第一个问题就是接受上市辅导的流程，其流程具体如下。

1.聘请辅导机构

拟上市在选择辅导机构时，要综合考察辅导机构的独立性、专业资格、资信状况、市场推广能力、承办人员的业务水平等因素。《证券经营机构股票承销业务管理办法》第18条规定：**"证券经营机构持有企业7%以上的股份，或是其前五名股东之一，不能成为该企业的主承销商或副主承销商。"**

2.辅导机构提前入场

按规定，上市辅导在企业改制完成后正式开始，但由于改制是上市辅导工作的重点，因此在选定辅导机构之后，企业应让辅导机构尽早介入拟上市企业的上市发行方案的总体设计和具体操作。

3.双方签署协议，登记备案

企业需要与辅导机构签署正式的辅导协议。同时企业与辅导机构需要在辅导协议签署后5个工作日内到企业所在地的证监会派出机构办理辅导备案登记手续。

4.报送辅导工作备案报告

辅导开始后，每三个月辅导机构需要向证监会寄送一次辅导工作备案报告。

5.整改企业现存问题

在辅导过程中，辅导机构会针对拟上市企业现存的问题提出整改意见，由企业主导整改现存问题。

6.公告准备发行股票事宜

拟上市企业应在辅导期满6个月之后的10天内接受辅导、向媒体公告准备上市事宜，接受社会的监督。公告后，如果证监会派出机构收到关于拟上市企业的举报信，就会组织调查和举报新的相关信息，企业应积极配合，消除上市过程中的风险。

7.辅导书面考试

在辅导期内，所有接受辅导人员要接受辅导机构的书面考察至少一次，直到全体应试人员的考核成绩全部合格为止。

8.提交辅导评估申请

辅导协议期结束后，如果辅导机构认为拟上市企业已达到上市标准，需要向证监会派出机构报送"辅导工作总结报告"，提交辅导评估申请。如果辅导机构和拟上市企业认为没有达到计划目标，可以向证监会派出机构申请适当延长辅导时间。

9.辅导工作结束

证监会派出机构在收到辅导机构向其提交的辅导评估申请后，将于20个工作日完成对辅导工作的评估。辅导工作评定合格后，证监会派出机构就会向中国证监会出具"辅导监管报告"，表明对辅导效果的评估意见，辅导到此结束。如果证监会派出机构对辅导评估的评审结果为不合格，则根据实际情况延长辅导时间。

13.2.2　上市辅导的具体内容是什么

辅导机构在对企业的上市辅导过程中，首先应在尽职调查的基础上依据上市法律法规规定的辅导内容对企业进行辅导，主要包括以下几个方面。

（1）辅导机构应组织并督促企业董事、监事、高级管理人员及持有5%以上（包括5%）股份的股东进行上市规范运作和其他证券基础知识的学习、培训和考试，增强其法制观念和诚信意识。

（2）辅导机构应核查股份有限公司的合法性与有效性，核查内容包括改制重组、股权转让、增资扩股、折股/验资等是否合法，产权关系是否明晰，股权关系是否符合规定。

（3）辅导机构应核查股份有限公司人事、财务情况、资产情况及供产销系统的独立性和完整性，促进核心竞争力的发展，督促股份企业依据相关规定初步建立符合企业制度要求治理基础。例如，妥善处理企业商标、企业用地、房屋产权等资产的所属权问题。

（4）辅导机构应监督企业建立健全组织机构、完善内部决策和控制制度，形成完善的财务、投资、内部约束和激励制度，同时还要建立符合上市企业要求的信息披露制度。

（5）辅导机构还应及时督促股份企业规范和控股股东和其他关联方的关系，妥善处理同业之间的竞争和关联交易问题。

（6）辅导机构应帮助拟上市企业制定业务发展目标和计划，同时制定募股资金的投向及其他投资的项目规划。

（7）辅导机构应帮助拟上市企业开展首次公开发行股票的相关工作。综合评估股份企业是否达到发行上市条件。在辅导前期，辅导机构就应协助企业进行摸底调查，制定全面的辅导方案；辅导机构在辅导中期就应协助企业集中学习和培训，发现并解决问题；在辅导后期，辅导机构应对企业进行考核评估，完成辅导计划，做好上市申请文件的准备工作。

（8）辅导机构应督促企业做到独立运作，企业的业务、资产管理、员工分工、财务政策、机构设置等方面的建设健全独立，主要业务突出，核心竞争力稳步提升。

企业需要注意辅导的有效期是三年，本次辅导期满后的三年之内，拟上市企业都可以向主承销商提出股票发行和上市申请，超过三年，还应继续按照办法规定的程序及要求重新聘请辅导机构对企业进行辅导。

上市企业缺乏独立性存在诸多弊端，比如经营业绩失真、业务不稳定、利益被侵害等，严重影响上市企业的健康发展。因此，企业在上市辅导过程中，应根据相关法律法规，在辅导机构的指导下实现其独立性，其中独立性的要求主要如下。

1.人员独立

企业的工作、人事和工资管理必须完全独立。董事长不可为股东企业的法定代表人；董事长、副董事长、总经理、副总经理等企业高层，不能在股东企业担任除董事外的其他行政职务，也不可在股东企业领取薪水；财务人员不可在关联企业兼职。

2.资产完整

企业应具备生产经营所必备的资产。企业改制时，企业使用的生产和辅助生产系统及配套设施、工业产权和技术等资产必须全都进入发行上市主体。企业向证监会提交发行上市申请时的最近1年、最近1期，通过承包、租赁或其他方式，依靠控股股东和其全资或控股企业的资产进行经营所得的收入，不超过其主营业务收入的30%；企业不可以企业资产为股东、股东控股子公司和股东的附属企业提供担保。

3.财务独立

企业应设立单独的财务部门，建立健全财务管理制度，独立核算及在银行开户，不可与其控股股东共用银行账户，独立纳税，企业的财务决策、资金使用不受控股股东干涉。

4.机构独立

企业的董事会及其他内部机构应独立运作，控股股东及其下属部门和企业及其下属部门之间不是上下级关系。控股股东及其下属部门不得向企业及其下属部门下达计划或指令，也不得影响其经营管理的独立性。

5.业务独立

企业应具备完善的业务体系和面向市场独立经营的能力。若是生产经营企业，应具备独立的产、供、销体系，关联交易必须遵循市场公正公平的原则。

上市辅导不仅要规范企业运作，还要对企业股票的发行做出详细的计划，通过企业与辅导机构协商完成股票发行计划，可以更好地推动发行股票工作的开展。股票发行计划主要有募集资金投向、募集资金额、股票发行价格及发行量、股票发行时间等需要确定的内容。

6.募集资金投向的确定

募集资金投向应符合国家相关政策，确保可行。投资项目的立项审批的时间和结果都是不确定的，项目的可行性也会随着时间推移而变化，因此，企业可多储备一些投资项目，增加其选择范围，避免被动局面。

7.募集资金额的确定

募集资金额应满足投资项目的资金需求。根据《关于进一步规范首次发行上市有关工作的通知》的规定："**企业首次公开发行股票的筹资额，不得超过上年度末经审计的净资产值的2倍。企业可自由确定募集资金的额度，同时不能忽视对财务杠杆的利用，也要防止过度募集资金对以后再次融资的不利影响。**"

8.股票发行价格的确定

股票发行定价，应考虑企业股票的未来潜力、可比企业的股票价格、证券市场的大环境、政府的政策等因素。证监会对企业首次公开发行股票的定价管制较为严格，股票发行市盈率不高于20倍。

9.股票发行量的确定

一方面，股票发行量需满足股票上市的法定条件。根据《公司法》第152条的规定，企业发行后股本总额不少于5000万股，向社会公开发行的股份不少于发行后股本总额的25%，才能申请股票上市；另一方面，股票发行量应以实现筹资计划为目的。在募集资金额确定的情况下，由于股票发行价格有20倍发行市盈率的上限，股票发行量必须扩大规模才能达到融资需求，具体股票发行量则取决于发行价格的高低。

10.股票发行时间的确定

确定股票发行时间应考虑的因素包括：

（1）能否如期完成募集资金；

（2）预计提交上市申请时是否满足股票发行上市条件；

（3）预计发行时的证券市场环境；

（4）股票发行上市的政策变化趋势。

在上市辅导中，企业应与辅导机构通力合作，对企业结构、运营等方面做出调整，确保企业的独立性。同时，在上市辅导时期，双方还要协商上市所需的流程，完成合理可行的股票发行计划。

13.2.3　上市辅导需要哪些文件

在申报与核准阶段，拟上市企业首先要制作申报上市的正式材料。申报材料主要由各中介机构分工制作，然后由主承销商汇总并出具推荐函。主承销商核查通过后就会将申报材料报送中国证监会审核。

根据中国证券会发布的《公开发行证券的企业信息披露内容与格式准则第9号——首次公开发行股票并上市申请文件》的要求：**"发行人报送的申请文件应包括公开披露的文件和一切相关的资料。"**

整套申请文件包含两部分，第一是要求应在指定的报刊及网站上披露文件，第二是不必在指定报刊和网站披露的文件。发行人应准备完整的申请文件，发行申请经过中国证监会核准通过，并且第一部分文件进行披露后，整套文件可提供给投资者进行查阅。申报材料的主要内容具体包括如下内容。

（1）要求在指定报刊及网站披露的文件：招股说明书及摘要、发行公告。

（2）不必在指定报刊和网站披露的文件主要指主承销商的推荐文件、发行人律师意见、发行申请及授权文件、募集资金运用的有关文件、股份有限公司的设立人间及章程、发行定价及发行定价分析报告和其他相关文件等。

拟上市企业要按照规定查看制作的申报材料有无遗漏，若发现遗漏，及时制作、整理完成。中国证监在收到拟上市企业的上市申请文件后，会在5个工作日内作出是否受理的决定。如果同意受理，拟上市企业需要按照相关规定向中国证监会交纳审核费。

受理拟上市企业的上市申请后，中国证监会开始初审。一般情况下，中国证监会至少向拟上市企业反馈一次初审意见，主承销商与拟上市企业根据初审意见补充完善申请文件，然后第二次报至中国证监会；中国证监会对补充完善的申请文件进一步审核，并将初审报告和申请文件提交至发行审核委员会审核；中国证监会根据发行审核委员会的审核意见对拟上市企业的申请作出核准或不予核准的决定。

如果中国证监会作出核准决定，会出具核准文件。反之，出具书面意见并说明不予核准的理由。上市申请不予核准的企业可以在接到中国证监会书面决定之日起两个月内提出复议申请。中国证监会收到复议申请后两个月内重新作出决定。

2015年11月27日，证监会发布《关于进一步规范发行审核权力运行的若干意见》，意见指出：**"在正常审核状态下，从受理到召开反馈会不超过45天，从发行人落实完毕反馈意见到召开初审会不超过20天，从发出发审会告知函到召开发审会不超过10天"**。

此外企业还需对举报信处理程序引起重视。证监会对举报信的处理是独立运转的，不影响发行审核进度。缺少依据、缺少线索、缺少署名的举报信，应由保荐机构和其他申报中介机构进行核查；对于明确线索、署名和联系方式的举报信，证监会可做同业复核。

在举报信被中介机构核查的过程中，企业应对举报情况进行具体说明。审核过程中收到的举报信应及时处理，处理完毕后，才能准核发行，发审会后收到的举报信，必须处理完毕后才可发行。

后期工作：企业正式上市

企业一旦顺利通过上市前的上市辅导，就可以向证监会发出上市申请，为正式上市做准备。这个环节是决定企业能否顺利上市的关键环节，创业者必须格外重视。

13.3.1 整理募股事项，发布招股说明书

招股说明书是就募股事项发布的书面通告，主要内容包括以下几点。

（1）企业概况：企业历史、性质、企业组织及员工状况、董事、经理、发起人名单等。

（2）企业经营计划，资金分配、收支及盈余的预算等。

（3）企业业务现状和未来预期，设备情况、经营品种、范围及方式、市场营销分析和预估。

（4）专业人士对企业业务、技术、财务的审查意见。

（5）股本和股票发行，股本形成、股权结构、股权变动历程、股息分配，股票发行的起止日期，总额和每股金额、股种及其参股限额，购买股份手续，企业股票承销机构等。

（6）企业财务状况，注册资本、资产负债表和损益表、年底会计师报告等。

（7）企业近几年年度报告书。

（8）附企业章程及有关规定。

（9）附企业股东大会重要决议。

（10）其他事项。

企业首次公开发行股票，正式交易之前需要刊登招股说明书。拟上市企业制作招股说明书时需要注意以下六个问题。

第一，说明风险因素与对策时，给出有效的应对之策，可以增强信服力。

第二，说明募集资金的运用时，具体给出资金流向了哪些项目。

第三，具体介绍企业上市后的股利分配政策，让投资者和股民了解可以得到的回报。

第四，给出过去至少3年来的经营业绩，说明企业经营的稳定性。

第五，说明企业的股权分配情况，重点介绍发起人、重要投资者的持股情况。

第六，预测盈利，精准预测企业未来的盈利状况直接关系到企业股票的发行情况。

发起人可以研读已上市企业的招股说明书，然后结合自身企业撰写招股说明书。一般情况下，在发出上市申请的时候，招股说明书的申报稿就已经完成。在发行上市之前，企业需要与证券交易所协商招股说明书的定稿版，然后在证券交易所官网刊登招股说明书。

13.3.2　确定股票价格，举办路演活动

刊登招股说明书以后，拟上市企业与其保荐机构需要开展询价路演活动，通过向机构投资者询价的方式确定股票的最终发行价格。询价包括初步询价和累计投标询价两个步骤。

首先是初步询价，即拟上市企业及其保荐机构向机构投资者推介和发出询价函，以反馈回来的有效报价上下限确定的区间为初步询价区间。

其次是累计投标询价。如果投资者的有效申购总量超过本次股票发行量，但是超额认购小于5倍，那么以询价下限为发行价；如果超额认购大于5倍，那么从申购价格最高的有效申购开始逐渐向下累计计算，直至超额认购倍数首次超过5倍为止，将此价格定为发行价。

在询价期间，拟上市企业会以路演活动的形式向社会对拟上市企业的股票进行推广。路演是指公开发行股票的企业以公开宣传的方式向社会推介自己股票的说明会，为吸引更多投资者购买股票。路演推介工作流程包括以下几个步骤，如下图所示。

路演推介工作流程

1.路演准备工作

路演准备工作包括初步询价对象联络、确定路演对象、联系会务事宜、成立路演小组、管理层路演彩排等。

2.预路演

预路演主要是面对重要的机构投资者，在预路演中要推介自身的价值与卖点、确定合理的价格区间等。

3.网下路演

网下路演就是在线下场所进行的路演，企业能与投资者进行高密度接触。在此过程中，企业通过累计订单确定发行价格，同时网下投资者进行认购。

4.信息披露

信息披露包括刊登招股意向书、刊登发行公告和进行公开宣传等。

5.网上路演

按流程来说网上路演可以和网下路演同时进行，时间灵活，主要是面对散户投资者。

在路演推介的过程中，路演可分为以下三种方式。

1.一对一路演

顾名思义，一对一路演是指拟上市企业和券商的资本市场部以及IPO项目组带着招股说明书、投资研究报告、企业宣传片、

PPT以及定制小礼物等到北上广深等一线城市拜会投资者，进行一对一的沟通和推介。

2.三地公开路演

三地公开路演一般是指拟上市企业在北京、上海、深圳三地公开召开推介会议，邀请基金、券商、资产管理企业、私募等机构投资者参加。会议内容与一对一路演相似，主要区别是没有本质区别，区别是听众更多。

3.网上路演

网上路演是指拟上市企业的管理层、保荐团队代表通过网上投资者互动平台回答股民针对企业上市提出的各种问题。在开展网上路演环节之前，企业股票的首日发行价已经定下来，对发行结果和网上认购数量没有多少影响。

在企业进行询价与路演的过程中，一定要做好充足的准备，与外界各方联络和内部组织协调等都要有序进行，企业组织内部的协调、企业内部与外部各方加强联络是询价路演工作顺利进行的强力推动剂。

13.3.3　通过上市公告书披露重要信息

询价与路演环节结束之后，企业就可以刊登上市公告书了。上市公告书是拟上市企业在股票上市前按照《证券法》和证券交易所业务员规则相关要求向公众公告发行与上市有关事项的信息披露文件。上市公告书的内容主要包括以下几项。

（1）证券获准在证券交易所交易的日期和批准文号。

（2）企业概况。

（3）股票发行与承销情况。

（4）企业创立大会或股东大会同意企业证券在证券交易所交易的决议。

（5）企业董事、监事及高级管理人员简历和持股情况。

（6）企业近三年来或成立以来的经营业绩和财务状况以及下一年的溢利预文件。

（7）主要事项揭示。

（8）上市推荐意见。

（9）备查文件目录等。

国家规定："**上市企业必须在股票挂牌交易日之前的3天内、在中国证监会指定的上市企业信息披露指定报刊上刊登上市公告书，并将公告书备置于企业所在地，挂牌交易的证券交易所、有关证券经营机构及其网点，就企业本身及股票上市的有关事项，向社会公众进行宣传和说明，以利于投资者在企业股票上市后，做出正确的买卖选择。**"

下面，一起看撰写上市公告书需要注意的问题。

1.数据可信、货币金额为人民币

上市公告书中引用的数据应当有应有客观的依据，并给出权威的资料来源。表述数据的数字格式应采用阿拉伯数字，货币金额应为人民币，以元、千元或万元为单位。如果使用港元、美元等货币单位，要有特别说明。

2.保证外文译本与中文译本的一致性

拟上市公司可以根据有关规定或其他需求编制上市公告书的

外文译本，但必须保证中、外文文本的一致性。另外，还需要在外文译本上注明："本上市公告书分别以中、英（或日、法等）文编制，在对中外文本的理解上发生歧义时，以中文文本为准。"

3.使用事实描述性语言

上市公告书使用的语言为事实描述性语言，风格为见面而要、通俗易懂。广告性、祝贺性、恭维性或诋毁性的词句是禁止使用的。

上市公告书是重要的信息披露文件，企业一旦公开刊登该文件，说明股票的发行工作已经结束，马上就可以上市交易。至此，企业顺利拿到了通过发行股票获得的资金，而广大投资者则买到了自己心仪的可以上市交易的股票。

通常从刊登上市公告书到正式挂牌交易首日，最多不会超过1～2周，效率还是很有保障的。在这段时间内，企业可以公平、全面、真实、充分、及时地披露信息，这样对于企业自身、政府、投资者、普通民众等都是大有裨益的。

行文到最后，深感做好市值管理并不是一件简单的事，尤其在竞争渐趋激烈的时代，这项工作更是面临着很严峻的挑战。因此，为了更好、更自信地接受挑战，所有想进行市值管理的人都应该不断学习，尽可能掌握更多市值管理技巧，从而推动企业的市值不断提升。